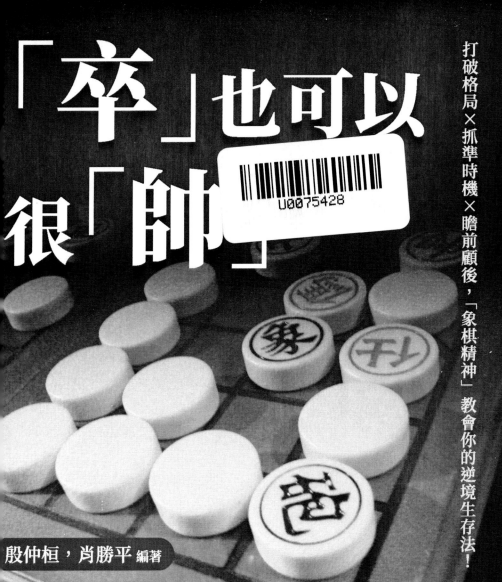

# 「卒」也可以很「帥」

打破格局×抓準時機×瞻前顧後，「象棋精神」教會你的逆境生存法！

U0075428

殷仲桓，肖勝平 編著

象棋中的「卒」是地位最低、力量最小的軍種，
但你真的認為卒子無用？無法有所作為？

【象棋精神】分析卒子的逆境策略與必備素養
【古人借鑑】藉由前人實例來證明成功哲學
用象棋教會你的逆境生存法，逆轉卒子人生吧！

# 目 錄

3

# 目錄

# 目錄

# 目錄

# 前言　泅渡人生的河流

你我皆凡人，生在人世間。在社會的大棋盤上，我們絕大多數人都屬於平凡人、普通人。平凡人的人生有兩種。第一種是靜候命運的安排，進退隨波，貴賤逐流，就像棋盤上的卒子，將自己的命運全權交付給棋手。第二種是不甘心接受命運的安排，儘管只是枚小卒子，卻要做自己命運的主人。這是棋盤上的卒子與身為卒子的平凡人之間唯一的區別：前者無法控制自己的命運，後者在很大程度上可以掌握自己的命運。

即使是卒子，我們也要做最好的卒子，要努力找機會過河。

過河，過河！河那邊的土地多麼廣袤富有！

過河，過河！遺憾的是：河裡水深浪大，到處是漩渦激流！

於是，過河成了「卒子」心中的苦痛與光榮。一些人身陷河中難以自拔，一些人嗆得七葷八素回頭是岸，只有少數人渡盡劫波游到了對岸。

10 年前，你在哪裡、你在做什麼、你有什麼夢想？10 年後的今天，你是否過了河？

布衣亦可成王侯，貧賤豈能任淪落？如果你還沒過河，不要氣餒，拿出你的勇氣、智慧與意志力，來泅渡橫亙面前的那

# 前言

條河。800 多年前，宋代名臣宗澤為抗金，大呼「過河」三聲而死，終年 69 歲。年近古稀尚思「過河」，其精神難道不值得我們尊敬與學習嗎？

卒子的價值，在於過河。而過河，是卒子一段全新人生的開始。人生如白駒過隙，假使條件許可，過河要趁早；倘若時機未到，「過河」的雄心也不可磨滅，「過河」的準備不可疏怠。

# 第一章
## 莫把卒子不當棋子

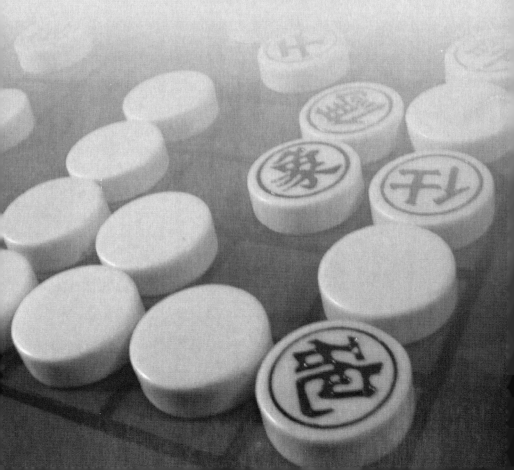

## ▶▶▶▶ 第一章　莫把卒子不當棋子

下過象棋的人都知道，卒子雖然看似用處不大，但一旦過了河，用處就非常大了。「過河卒子半個車」，說的就是這個。卒子在很多時候會成為決定棋局勝負的關鍵。因此，高明的棋手從來不會忽略卒子的作用。

在社會的大棋盤上，我們絕大多數人都平凡如卒子。卒子的價值，在於過河。而過河，是卒子一段全新人生的開始。人生如白駒過隙，假使條件許可，過河要趁早；倘若時機未到，「過河」的雄心也不可磨滅。

貧不足羞，可羞是貧而無志。── 明代學者呂坤

一個年輕人要能夠繼承的最豐厚的遺產，莫過於他出生於貧賤之家。── 美國企業家安德魯·卡內基

丈夫隻手把吳鉤，意氣高於百尺樓，一萬年來誰著史，三千里外欲封侯。── 李鴻章

在別人藐視的事中獲得成功，是一件了不起的事，因為它證明不但戰勝了自己，也戰勝了別人。── 法國作家蒙田

## 卒子為什麼要過河

身為平凡普通的冥冥眾生，我們走在人群中毫不顯眼，就像棋盤裡的卒子，對於整個棋局的態勢似乎無足輕重。但只要我們跨過那條橫亙在面前的楚河漢界，我們的力量就會倍增。

生而為卒，並沒有什麼值得抱怨的。我們絕大多數都一樣普通。如果你不甘默默無聞、與草木同朽，可以奮力過河。

過了河，你就不再是平庸的卒子，河的彼岸是個更大的舞臺，在這大舞臺上你可以盡情發揮與展示自己。小卒過河頂大車——這就是一個卒子要過河的理由。

卒子的價值，在於過河。而過河，是卒子一段全新人生的開始。人生如白駒過隙，假使條件許可，過河要趁早；倘若時機未到，「過河」的雄心也不可磨滅，「過河」的準備不可疏怠。

## 命裡八升，莫求一斗

俗話說：命裡八升，莫求一斗。意思是說，如果一個人「命」裡注定只能擁有八升米的話，就不要去為一斗米而費心思（十升為一斗）。這句被不少人推崇的話，其實禁不起推敲：什麼是命？多少是「八升」？你如何確定自己現在已經擁有「八升」？

「命運」是個糾纏人類數千年的話題。從古老的紫微斗數、生辰八字、面相、手相、骨相，到現代的血型、星座……五花八門的分析工具層出不窮、生生不息，反映了人們對於窺破命運密碼的熱切渴望。

有些人一聽到「命運」，要不是迷信到底，就是嗤之以鼻。其實，「命運」並不神祕，也不深奧，「命運」是由「命」與「運」組成。其中，「命」是過去式，例如你生在何家，例

# ▶▶▶▶ 第一章　莫把卒子不當棋子

如你是男或是女，這些情況都是在發生後你才知道的，是不可更改的事實。而「運」是一個建立在未來式基礎上的現在式，你夢想成為富豪，你夢想擁有一份好工作，你為這些夢想而籌劃、而運作，透過努力你就有可能實現它們，這過程稱之為「運」。你「運」用得當，「運」得到位，就會有「好運」，也就是說，有好的「命運」。

「命」不好不要緊，試看那些建功立業的偉人，有幾個含著金湯匙出生？有幾個不是靠自己後天的「運」而一步步走向巔峰？

李嘉誠的命好嗎？也許有不少讀者朋友會毫不猶豫地回答：當然好！但編者在此要告訴各位的是：李嘉誠的命很苦。在回憶自己十幾歲時的生活時，李嘉誠曾說——

「我 13 歲時父親得了肺病，我照顧他，後來發現自己也得了肺病，早上咳血，晚上盜汗，我買來醫書，自己看，沒人教我怎麼治這種病，我也不告訴任何人，連媽媽都不知道我得了肺病。那時我每天還要安慰父親，要他有信心，要活下去。父親去世後，我 14 歲就挑起家庭重擔，我肯吃苦，17 歲時靠我打工，家裡有了盈餘，讓弟妹可以念大學，我自己沒有機會，只能請家庭教師。當年真的很苦，一條毛巾又洗臉又洗澡、用上兩、三年才能換，換的時候舊毛巾握在手裡，外面都看不到，上面只有橫豎的纖維，沒有毛了。那個時候 3 個月才能理

一次髮，剃光頭。但是在那樣的情況下我也沒向別人借過一毛錢，直到後來開始做生意時，才向人借了四、五萬塊錢。我覺得吃過苦好啊……」

還有一個和李嘉誠一樣命苦的少年，他名叫松下幸之助。因為家境貧寒，松下幸之助 10 歲就離開家鄉，離開母親，獨自踏上幾百公里外的大阪，到一家火盆店當起幾乎沒有月薪的學徒工。

單看李嘉誠和松下幸之助的少年與青年時期，我們 —— 包括他們自己 —— 誰能知道他們命裡有幾升呢？就算真有高明的江湖術士知曉他們命中注定會成為一代鉅富，如果他們不努力打拚，鉅富的頭銜會從天上掉下來，又正好掉在他們頭上嗎？

很顯然，所謂的命中注定實在經不起推敲。法國寓言作家拉封丹（Jean de La Fontaine）曾有過一段妙語：「每個人都把過好日子歸功於自己的才幹。要是因為自己的錯誤導致失敗，他們就咒罵起命運女神。沒有什麼比這件事更常見：好事歸功自己，壞事歸罪命運，有理的總是人，錯誤的總是命運。」拉封丹生動地展現了那些迷信「命運」之人的荒謬。

你我皆凡人，活在人世間。是為活著而活著，還是為自己而活著？平凡人的人生有兩種。第一種是靜候命運的安排，進退隨波，貴賤逐流，就像棋盤上的卒子，將自己的命運全權交

付給棋手。第二種是不甘心接受命運的安排，儘管自己只是枚小卒子，卻要做自己命運的主人。前者無法控制自己的命運，後者在很大程度上可以掌握自己的命運。

讓「命裡八升，莫求一斗」見鬼去吧，因為誰也無法確定這「八升」到底是多少、那「一斗」又該為幾何？湯姆・克魯斯在主演《捍衛戰士》（*Top Gun*）前，只能在好萊塢演些小角色，有時甚至連一分錢片酬都沒有。導演拒絕他的理由是：不夠英俊、皮膚太黑、演技太幼稚如此等等。他們用這些看似很有說服力的理由，斷定湯姆・克魯斯永遠成不了明星。然而，這些話在今天都成了笑話。另外，像喬治・克隆尼在演《急診室的春天》（*ER*）前、金・凱瑞在出演《摩登大聖》（*The Mask*）前、尼可拉斯・凱吉在主演《遠離賭城》（*Leaving Las Vegas*）前，他們都為扮演各種小角色而奔波。但是，他們後來都成了好萊塢的票房保證。

我們要用自己的腳步，來丈量生命的幅員。我們就算是卒子，也要做過河的卒子。過河，過河！河那邊的土地多麼廣袤富有！

「命運」是由「命」與「運」組成。其中，「命」是過去式，是不可更改的事實；而「運」是現在式，為你的夢想而籌劃、而運作。「命」不好不要緊，只要你「運」用得當，「運」得到位，就會有「好運」，就會在不久的將來迎來好的「命運」。

## 假如你身處底層

「……當你是地平線上的一株小草的時候，你有什麼理由要求別人在遙遠的地方就看見你？即使走近你了，別人也可能會不看你，甚至會無意中一腳把你這株草踩在腳底下。當你想要別人注意的時候，你就必須變成地平線上的一棵大樹。人是可以由草變成樹的，因為人的心靈就是種子。你的心靈如果是草的種子，你就永遠是被人踐踏的小草。如果你的心靈是一棵樹的種子，就算被人踩到了泥土裡，你早晚有一天會長成參天大樹。」

「沒有花香，沒有樹高，我是一株無人知道的小草。」當一個人身處社會或身邊圈子的底層時，失落與鬱悶總是難免的。這段話告訴我們一個簡單的道理：如果你身處底層，遭人無視甚至蔑視時，最好的應對方式就是：心懷高遠之志並暗自努力。其他什麼諸如抱怨、詛咒、悲傷之類的，沒有半點實際意義。

我常去一家髮廊剪頭髮，雖然要走一段不短的路程，但我之所以勤快地跑那麼遠，是因為那裡有位手藝很好的髮型師，只有他才能料理我那越來越稀疏的頭髮。我之所以去這家美容院也是因為朋友的極力推薦，而朋友之所以推薦，也是緣於他朋友的推薦。而從每次我去時都客滿的情況，就可看出那位髮型師的手藝的確受到顧客的信賴。

# ▶▶▶▶ 第一章　莫把卒子不當棋子

去過幾次後，和老闆熟了，有一次客人較少，我便和他聊了起來。

他說他高中畢業就離開家鄉到城裡某髮廊當學徒，對剪髮這工作並不特別喜歡，但也不知除了剪髮還能做什麼工作，於是就迷迷糊糊地混了幾年。眼看也 20 幾歲，有了「前途」的壓力，於是他為自己立下一個目標 —— 成為男士理髮界的佼佼者！他的學習態度因此突然有了很大的轉變，除了實地學習之外，他還不斷蒐集、參考相關書籍，甚至連路上行人的髮型都會仔細研究，簡直到了瘋狂的地步。

不到一年，他由助手升任髮型師，並很快闖出名氣，幾乎每個客人都指名找他。後來，他向親朋好友借了錢，開了這家男士髮廊。

他的故事平淡無奇，但我卻聽得感動極了，他真是社會底層人士的奮鬥典範！

請記住這項數據：全球有 80% 的億萬富豪出身貧寒或學歷較低，但他們白手起家創業，贏得了令人羨慕的財富和名聲。

1999 年，美國《財星》（Fortune）雜誌首次推出全美 40 位 40 歲以下的富豪排行榜，榜上有名的幾乎全是在高科技領域創業奮鬥的成功人士。如今，年輕的億萬富豪分布在更多行業和領域中。值得一提的是，在 2001 年的全美 40 位 40 歲以下富豪排行榜上，有 12 位是「黃金單身漢」的單身貴族，包括

排名 22，個人財產達 2.31 億美元的壞小子唱片公司（Bad Boy Records）總裁尚恩‧庫姆斯（Sean Combs）。其中還有一位單身女富豪，她是佐恩工程科技公司（Engineering Zhone Technologies）的副總裁珍妮‧西蒙斯（Jeanette Symons），她的個人財產為 3.74 億美元。擁有 163 億美元身價的 36 歲戴爾電腦（Dell Inc.）公司創始人、執行長兼總裁麥可‧戴爾（Michael Dell）則連續 3 年坐在頭把交椅上。進入前 5 名的還包括網拍平臺電子灣（eBAY）共同創始人、34 歲的皮埃爾‧歐米德亞（Pierre Omidyar）和 36 歲的史科爾（Jeffrey Skoll），兩人的身價分別為 43.9 億和 26.3 億美元。捷威電腦公司（Gateway, Inc.）的創始人之一、執行長兼總裁泰德‧威特（Ted Waitt）年僅 38 歲，則擁有 18.7 億美元的財富。還有一位是知名度相當高的亞馬遜網路書店創始人、總裁、董事長兼執行長傑夫‧貝佐斯，37 歲的他擁有 12.3 億美元的個人財產。

布衣可以成王侯，貧寒豈能甘淪落？當理想被現實踩進泥土中，不要悲傷與哭泣。只要種子還在，就有發芽破土、長大成材的機會。而我們所要做的就是：呵護我們的種子，好好照料它，直至長大，開花、結果。

人的心靈是顆種子。如果你的種子是草，你就永遠是株被人踐踏的小草。如果你的種子是樹，就算被人踩到泥土裡，也早晚有一天會長成參天大樹。

## 突破生命的舊格局

有位記者採訪某貧困山區的放牛牧童：「你放牛是為了什麼？」

「賺錢。」牧童回答。

「賺了錢要做什麼？」

「娶老婆。」

「娶老婆要做什麼？」

「生小孩。」

「生小孩要做什麼？」

「放牛。」

這場看似平淡的對話讓人不勝唏噓。山區的牧童由於知識、眼界的束縛，把自己的世界鎖定在「牛、妻、小孩」這三者的輪迴上。而一個人活著如果只是為了賺錢娶妻生子，這逼仄的人生格局將令自己的人生變得多麼蒼白與平庸。

那麼都市裡就沒有這樣的「牧童」嗎？

陳文茜有次接受採訪時說過這樣一段話：「女人在這個社會並不容易獨處，就算你嫁了丈夫也不容易獨處，你單身也不容易獨處，所以我們看到大多數的家庭主婦、職業婦女都不太快樂。很大的原因，就是這個世界上可以給一個女人的東西相當的少。她就守住一塊天，守住一塊地，守住一個家，守住一個男人，守住一群小孩，她的人生到後來，她成了中年女子，

她很少感到幸福，她感到的是一種被剝奪感。」

這段話中，最令筆者感興趣的是：「守住一塊天，守住一塊地，守住一個家，守住一個男人，守住一群小孩，她的人生到後來，她成了中年女子，她很少感到幸福。」陳文茜的話本來是針對女人說的，認為許多女人限制了自己，將自己的格局做得很小，因此失去了幸福感。其實不止是女人，男人也同樣會把自己的人生格局做得很小。

人生是一盤很大的棋，你卻只在一個邊角消磨時間。要是你能怡然自得，那倒也沒什麼，因為幸福只是一種單獨個體的感覺，你覺得滿好，那就算滿好，旁人無法置喙；但若你一面哀嘆自己「命苦」，不甘心，不服氣，一面還在那逼仄的邊角不思改變，那就需要好好反思了。有個詞叫「局限」，局限就是格局太小，為其所限。就像下圍棋，你在四個角放子，而不是在一個角鑽牛角尖，那這格局就大了。不管你身處何等位置，都要有大視野、有大追求、有大氣魄。格局越大，你才能不被眼前的小事羈絆，才能做到天高任鳥飛、海闊憑魚躍。

有個年輕學生居然主動放棄了世界頂尖的哈佛大學學位。那年他已是大三學生，一張哈佛大學的鍍金文憑眼看就要到手。要是你，會做出這決定嗎？── 很難。但有人在 1975 年就做到了，他是蟬聯世界首富十多年的比爾蓋茲。19 歲的他看到了微軟視窗作業系統的發展前景，果斷地放棄了大學學業。

# ▶ ▶ ▶ ▶ 第一章　莫把卒子不當棋子

「我們意識到軟體時代到來了，而且我們對晶片的長期潛能有足夠的洞察力，這表示如果我現在不抓住機會，反而去完成哈佛學業，軟體工業絕對不會原地踏步等著我的。」

　　1995 年時，有個木梳廠老闆成立了工藝品公司。那年，他從庫房裡清出前兩年的木梳存貨，這些用舊技術製做的木梳共有 15 萬把，按當時的生產成本至少值 300 萬元以上。廠裡的人員想把它們賣掉換現金，連每把 20 元的價格都已談好。為了避免這批產品對自家品牌的傷害，他們甚至想好對策──拆了原本的包裝，並把商標鏟平，連包裝的紙箱都換為菸箱。但老闆執意將這批貨燒掉。他是錢多嗎？非也，他當時最缺的就是錢。但老闆堅持要燒，而理由是：「市場總量就那麼多，15 萬把不是個小數目，這種產品賣給 15 萬個客戶，我的好產品就少了 15 萬個銷售機會。15 萬個消費機會一旦被這批劣質品占據，以後人們就再也不會買我的梳子了。」最後，梳子在灰燼中消失，而烈火中則煉出了商譽。鳳凰涅槃，浴火重生。

　　看看以上這些人，他們的眼光、見地、氣魄，都反映出他們是做大事的，有著很大的格局。而你我身為普通人，只有境界高、格局大，人生才能走得寬廣；格局小的人，恐怕一輩子都得活在患得患失當中。

## 不放棄理想，不拋棄自己

　　理想是用來實現的，而不是用來放棄的。曾經在一本雜誌上看到一個這樣的故事：

　　很多年前，在美國鄉村某個小學的作文課上，年輕的英文老師給小朋友出了一個作文題目，叫〈我的理想〉。一位小朋友如此描繪他的理想：將來他將擁有一座占地十餘頃的莊園，在遼闊的土地上植滿綠茵；莊園中有無數小木屋、烤肉區及一座休閒旅館；除自己住在那裡，還可以和前來參觀的旅客分享自己的莊園，並有住處供他們休息。

　　老師檢查作文後，在這小朋友的文章上劃了個大大的紅「╳」，要求他重寫。小朋友仔細看了自己所寫的內容並無錯誤，便拿著作文請教老師。老師告訴他：「我要你們寫的是自己的理想，而不是這些夢話般的空想，理想要實際，而不是虛無幻想，你知道嗎？」

　　小朋友據理力爭：「可是，老師，這真的是我的理想呀！」老師也堅持：「不，那不可能實現，那只是一堆空想，我要你重寫。」

　　小朋友不肯妥協：「我很清楚要實現這個理想很難，但這的確是我真正想要的，我不願意改掉我的理想。」老師堅決地搖頭：「如果你不重寫，我就讓你不及格，你要想清楚。」小朋友沒有妥協，結果他的作文真的沒有及格。

# ▶▶▶▶ 第一章　莫把卒子不當棋子

　　30 年後，這位老師帶著一群小學生到一處風景優美的度假勝地旅遊，在盡情享受無邊的綠草、舒適的住處及香味四溢的烤肉之餘，他望見一名中年人向他走來，並自稱曾是他的學生。

　　這位中年人告訴他的老師，他正是當年那個作文不及格的小學生，如今，他擁有這片廣闊的度假莊園，真的實現了童年的理想。老師望著這位莊園主人，不禁感嘆：「三十年來，我不知用『實際』改掉了多少孩子的夢想；而只有你保留了自己的夢想，真慶幸它沒有因我的批評而湮滅。」

　　誰沒有過理想呢？但又有多少人實現了自己的理想？

　　沒有實現理想不要緊，只要我們還走在前進的路上，一切就都有可能。而遺憾的是，很多時候我們沒能實現理想，是因為自己的放棄。放棄理想大致有兩種原因：一種是隨著歲月增長，發現原來的理想不是自己真正想要的；一種是因為太過困難，自己被動地放棄了理想。前者是主動放棄，後者是被動放棄。理性地說，適時放棄是人生路上無奈卻必須的妥協。但你一定要謹慎判斷這個「適時」──你的理想是你內心的深切渴望嗎？如果是，那就不該輕易放棄。

　　理想之所以稱為理想，本身就有來之不易的意思。很容易就能達成的那是目標，不能叫理想。輕易放棄自己的理想，就等於放棄了自己。

在棋盤上，一枚卒子要能拚過河，不知要經歷多少磨難！在人生的路上，要渡過那條制約我們施展手腳的河，同樣困難重重。其實，有困難才是正常的，如果沒有困難的河流阻擋淘汰，又該用什麼來區分卒子的優秀與卓越呢？

隨著人慢慢長大，很多理想也漸漸褪色。在一次又一次對理想的放棄、遺忘以及對現實的妥協、麻木中，很多人終於走向平庸。

## 一定要埋葬「不可能」先生

威廉·波音（William Boeing）曾是一個經銷木材和家具的普通美國商人。他在觀看了一場飛機特技表演後，迷上了飛機。於是，他決定前往洛杉磯學習飛行技術。

但他買不起飛機，且年齡也限制了他成為飛行員的可能，學會駕駛飛機的技術對他這個商人能有什麼用呢？看來，要滿足駕機遨遊長空的願望，只能自己製造飛機。於是波音冒出了如此大膽的想法。

透過各方面的學習，波音逐步了解了飛機的結構和性能。有了一定的準備之後，他開始找人合作共同製造飛機。

那時候，他們不但沒有工廠，甚至連個受過專門訓練的工人也找不到。波音只好動員自家木材公司的木匠、家具師以及僅有的 3 名鉗工進行組裝 —— 這簡直形同兒戲，這種情況下

## ▶▶▶▶ 第一章　莫把卒子不當棋子

真能造出飛機嗎？

　　但不可思議的是，他們真的把飛機造出來了。這是一架水上飛機，波音親自駕駛，最後並試飛成功。

　　波音的信心高漲，便索性將木材公司改成飛機製造公司，專心研製飛機。時至今日，全世界每天都有數千架波音公司生產的飛機在空中飛行，但誰能想到它起步之初的狀況是多麼不可思議呢！

　　威廉·波音的故事告訴我們：很多看似「不可能」做到的事，只要我們把焦點放在「如何做」，而不是想著「這辦不到」，就有可能做到。

　　威廉·波音晚年時曾對採訪他的一位年輕記者說：「面無懼色地面對每一次考驗，你就會得到力量、經驗與信心……你必須做自己做不了的事。」當我們面對一些似乎不可踰越的障礙時，只要有勇氣向它們挑戰，我們的信心也就會從中誕生，得到錘煉，變得無比堅定。

　　「不可能」先生死了，信心才能誕生。唐娜是位即將退休的美國小學老師，一天，她要求班上的學生和她一起在紙上認真填寫自己認為「不可能」做到的事。每個人都在紙上寫下他們不可能做到的事，諸如「我不可能做 10 次仰臥起坐」、「我不可能吃一塊餅乾就停止」……唐娜則寫下「我不可能讓約翰的母親來參加家長會」、「我不可能讓黛比喜歡我」、「我不可

能不用體罰好好管教亞倫」。然後大家將紙張投入一個空盒，將盒子埋在運動場外的一個角落。唐娜為這個埋葬儀式致詞：「各位朋友，今天很榮幸能邀請各位來參加『不可能』先生的葬禮。他在世的時候，對我們生命的影響比任何人都要深……現在，希望『不可能』先生平靜安息……希望您的兄弟姊妹『應該能』、『一定能』可以繼承您的事業 —— 雖然他們不如您來得有名、有影響力。願『不可能』先生安息，也希望他的死能鼓勵更多人站起來，向前邁進。阿門！」

之後，唐娜將「不可能」的紙墓碑掛在教室中，每當有學生無意說出：「不可能……」這句話時，她便指著這個象徵死亡的人物，孩子便立刻想起「不可能」先生已經死了，進而想出積極的解決方法。唐娜對孩子的訓練，其實也是我們每個人必修的功課。如果我們經常有意無意地暗示自己「不可能」做到時，那麼，這種壞的信念就會摧毀我們的一切，而「應該能」、「一定能」等積極的暗示，則可以刺激我們積極的潛意識，使我們踏上成功之路。

當你認為「不可能」時，就表示不再為「可能」而努力。在這種情況下，你終於讓「不可能」成了阻止自己實現目標的響亮理由。

## 從「宋兵甲」出發的周星馳

「宋兵甲」是誰？「土匪乙」是誰？

這些在電視劇中根本就不重要，以至於編劇在創作劇本時甚至懶得為這些角色取個名字。當然，這些不重要的角色由誰來演也同樣不重要。在 1983 版的《射鵰英雄傳》中，有一個宋兵甲的角色由當時沒沒無聞的周星馳扮演。雖然這個宋兵甲一出場就死了，但周星馳在拍攝時也花了不少心血。「導演本來設計我被人一掌打死，」周星馳說：「但是我認為這樣有點不太真實，於是自己設計了反抗的動作。第一掌我用手擋了一下，挨第二掌時才倒地死去。但是導演不滿意，認為這個小龍套占了太多時間，我除了被批一頓之外，最後這段還要重拍。」

1983 年夏天，21 歲的周星馳從香港無線電視臺演員訓練班結業後，被指派擔任了無線電視臺一個兒童節目的主持人。但為了實現演員夢，他在主持電視節目之餘也努力尋找跑龍套的機會，比如我們上面說到的《射鵰英雄傳》。

周星馳出生於香港一個貧寒的內地移民家庭，在九龍區的貧民窟長大，對此他從不諱言：「《功夫》的核心場景『豬籠城寨』也是我自己過去生活的寫照之一。擁擠的公寓樓和我成長時鴿子籠似的香港居屋非常相似。我小時候住的地方就是這個模樣，擠滿了人，彷彿所有人都貼在一起。」

　　在周星馳 7 歲那年，他的父母離異。小周星馳和母親相依為命，其艱辛可想而知。少年時的周星馳迷上了漫畫和李小龍，對表演的興趣也日益濃厚。經過一番努力，1982 年周星馳在兩次落選後，終於考入 TVB 無線藝人訓練班，開始了長達七、八年的龍套生涯，周星馳曾在接受採訪時追述昔日的辛酸：「當年混得的確很差勁，有時候不得不為了多賺幾十塊錢，而四處燒香拜神等候差遣。那時候片場經常是幾組戲同時趕工，經常是口令一來就馬上換行頭轉場子。自己為了生計著想，不得不學著很油條的樣子，跟人家插科打諢磨嘴皮，有時候連扮死屍的差事也恨不得要浪費一升口水來爭取。這是很無奈的選擇，否則又怎麼樣，難道繼續受窮不成？」

　　功夫不負有心人。由於周星馳主持節目的表現出色，同時也在一些電視劇中得到可以發揮的角色，於是電視臺開始重視他的發展。1987 年，周星馳終於如願以償，進入香港無線電視臺劇部擔任演員。1988 年在鮮電影《霹靂先鋒》中擔任配角，一炮走紅，獲得當年的金馬獎和香港金像獎最佳男配角獎。從 1990 年代起，周星馳轉向喜劇，他開創的「無厘頭」搞笑風格在香港影壇風光無限，《賭聖》、《逃學威龍》、《國產零零漆》、《大內密探零零發》等等，直到世紀末的《喜劇之王》，將周氏風格演繹到極致。周星馳曾說：「《喜劇之王》已訴盡我當年的經歷，情節是虛構的，但感受是真實的。」和片中的尹

天仇一樣，周星馳正是從跑龍套走到今日的「喜劇之王」。

當年出身貧寒、嘗遍辛酸與坎坷的「龍套」演員，如今被尊為華語影壇的喜劇之王，對於自己的人生歷程，周星馳曾這樣總結：「我的奮鬥史不是獨一無二的，社會上比比皆是……像我們這些個普通大眾，如果不是靠著信念、鬥志，怎能做出成績？」

如果你看過周星馳主演的電影《喜劇之王》，就明白一個無名小卒要登上閃亮的舞臺挑大梁是何等艱辛。《喜劇之王》的框架中，周星馳扮演的尹天仇儼然就是成名前歷經辛酸的周星馳。尹天仇身為被所有人忽略與踐踏的龍套演員，卻成天捧著本《論演員的自我修養》學習，經常以阿Q精神重複這樣一句話：「其實我是一個演員。」有人說這部電影是周星馳的自傳，周星馳也承認其中有很多是自己過去的寫照。

在本質上，我們大多數人都是龍套，只是龍套的層面各自稍有不同而已。尹天仇身上最閃亮之處，莫過於他對理想的執著追求，以及對自我的堅定認同，無論他人如何看待自己，他始終自認為是個演員，在整個世界幾乎都拋棄他之後，他卻在孤獨與徬徨中緊握夢想，不斷激勵自己、肯定自己，給予自己前行的動力。

在香港演藝圈，當今幾乎所有「大哥」級人物都有類似周星馳的經歷，如成龍、周潤發、劉德華等。他們的起點都很

低，都是曾經混跡街頭巷尾的無名小卒，只因心中那永不凋謝的希望之花，只因胸中從不熄滅的激情之火，他們才能一步步爬上事業的巔峰。這些草根的成功象徵著底層群體的奮發圖強，給同是無名小卒的我們建立了榜樣。

即使是卒子，我們也要做最好的卒子，要努力拚出個過河的機會。只要心靈的火不曾熄滅，一切就有希望與可能。

# ▶▶▶▶ 第一章　莫把卒子不當棋子

# 第二章
## 過河不只是比勇氣

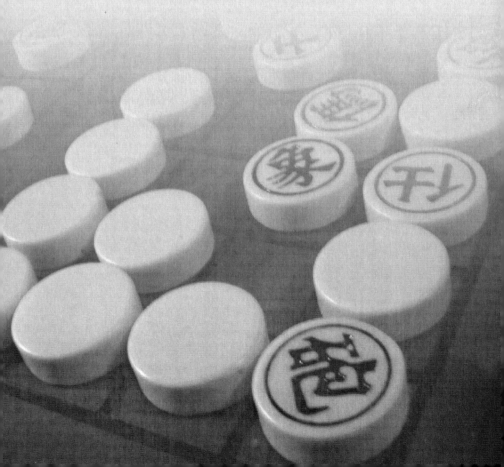

# ▶▶▶▶ 第二章　過河不只是比勇氣

在象棋的棋盤上，卒子要過的河叫「楚河」、要過的界叫「漢界」。「楚河漢界」的典故來自秦末的楚漢相爭。公元前203 年，劉邦出兵攻打楚國，項羽糧缺兵乏，被迫提出「中分天下，割鴻溝以西為漢，以東為楚」的要求，從此就有了楚河漢界的說法。現在鴻溝兩邊還有當年兩軍對壘的城址，東邊是霸王城，西邊是漢王城。

楚漢相爭的結果我們都知道：劉邦順利渡過楚河，將勇冠三軍的項羽逼得自刎於烏江之畔。劉邦和項羽相比，無論身世還是武功，都相差甚遠。但最終的結果卻是劉邦得以渡過楚河，將鼎鼎大名的西楚霸王項羽追得自刎於烏江之畔。

要分析劉邦與項羽的成敗原因，是個非常宏大的題目。而本書在此想說的是：勇氣很重要，但一個人如果只有勇氣的話，是不可能有大作為的。

我旅行的時間很長，旅途也很長。

天剛破曉我就驅車起行，穿遍廣袤的世界。在許多星球上留下轍痕。

離你最近的地方，路途最遠；最簡單的音調需要最艱苦的練習。

旅客要在每個生人門前叩門，才能找到自己的家門；人要在外面到處漂流，最後才能走到最深的內殿。 —— 印度詩人泰戈爾

如果你希望成功，當以恆心為良友；以經驗為參謀；以當心為兄弟；以希望為哨兵。

—— 美國發明家愛迪生

征服自己需要最大的勇氣，其勝利也是所有勝利中最光榮的勝利。—— 古希臘哲學家柏拉圖

## 做你所愛

我們現在生活在一個機會繁多的時代。這些機會給了我們充分的自由，但同時也給我們帶來困惑。許多人抱怨不知道自己真正喜歡做什麼。造成這種局面的原因，是我們多年來壓抑了自己的喜好，忽略了自己的內在，總在有意無意中模仿他人，以他人為參照，卻忘了真實的自我。

一個人之所以做著自己不喜歡的事，原因很多，但結果卻總是一樣：對於所做的事無法投入、深入，因而也就無法做出最好的成績。我們在事業上的選擇，有意無意中受到太多別人的影響，結果經常是選擇了自己並不願走的路。這種情況在我們童年及少年時更普遍，被家長送去參加各種自己不喜歡的補習班，而自己真正喜歡的事卻因家長沒興趣而免談。到了再長大一點，選文科還是理科也沒有自己選擇的餘地。到了高中畢業，更多人因為各種原因而選擇自己不想上的學校與科系。我有個高中同學，文章寫得很棒，一直想報考中文系。但在父母的影響下，最後上的是一所理工大學，學的是汽車製造。理想與現實真是天壤之別。而畢業後，這位同學根本沒做過一天與所修科系相關的工作 —— 甚至連念頭都沒有。他畢業後去了

一些小報社、文化公司之類的地方，慢慢地成熟與成長，現在已是一個略有成就的自由撰稿人。人生的路繞了個圈，四年大學雖不能說白讀了，但若能把時間用在學習自己喜歡的科系上該多好啊。

三百六十行，行行出狀元。如果說我們還小的時候，因為心智或其他原因而不能自己做主，那麼，在我們出社會後，一定要為自己的人生掌舵。就像我那位同學，如果再強迫自己坐在一堆沒有半點興趣的汽車設計圖邊，我不相信他能在這行拚出什麼成就。

一個成年人有 1/3 或甚至更長的時間用在工作上，如果對自己所做的事業沒什麼興趣，那他的人生就會很沉悶，也很難有什麼成就。每個事業成功的人士，必定都對自己的事業極有興趣，只有如此，他們才會全身心地投入，可以每天或甚至夜以繼日地去做而毫無倦意。

有人曾問麥可·喬丹：「你每天都花那麼多時間刻苦訓練，你不覺得辛苦嗎？」喬丹回答：「不，我覺得很開心，因為我喜歡。」喬丹所說的「喜歡」，當然不是一般的喜歡，而是「深愛」的意思。想一想，你能在烈日下以苦為樂、堅持訓練嗎？──假設你並不深愛籃球這項運動的話。

亞里斯多德說：想要到達成功彼岸的人，必須懂得多問自己幾個基本問題。如果你希望開創一番事業，你需要問自己以

下幾個基本問題：

❖ 我的事業能讓我樂在其中嗎？

❖ 我的事業方向與我的價值觀一致嗎？

❖ 我的事業符合我的生活方式嗎？

因為喜歡，所以熱愛。磅礡的激情與堅韌的執著，與其說來自性格，不如說來自熱愛。

## 你憑什麼過河

大家都想過河，但你憑什麼在千軍萬馬中闖過重重難關？

光憑興趣顯然不夠，因此還需要補充一點：「做自己擅長的事」。「喜歡」和「擅長」是相輔相成的，對於事業的成功來說缺一不可。

我們常說「若是放錯地方，寶貝就成了垃圾」，或者說「垃圾是放錯地方的寶貝」。要把自己的長處運用到事業上，就好比把硬度最高的鋼用在刀刃的道理一樣。把好鋼放在刀背，那完全就是浪費。若不展示自己最優秀的特質，優秀又有何用？

能夠客觀認知自己的長處是有些困難的，然而對想做一番事業的人來說，這是一道必解的難題。比如說，你可能解不出那麼多數學難題，或記不住那麼多的外語單字和片語，但你在處理事務方面卻有特殊的本事，能知人善任、排除困難，組

織能力高超；又比如你在理化方面也許差了些，卻是寫小說和詩的高手；也許你分辨音律的能力不行，卻有一雙極為靈巧的手；也許你連一張桌子都畫不像，卻有一副動人的歌喉……在能認知自己長處的前提下，如果能揚長避短，認清目標，抓緊時間把一件工作刻苦認真地持續下去，久而久之，自然會結出豐碩的成果。

即使是那些在某個方面看起來很笨的人，也許在另一些特定的方面也會有傑出的才能。比如，英國作家柯南道爾 1885 年就獲得醫學博士學位，但身為醫生的他並不出名，名揚天下靠的是他寫的小說，他筆下的福爾摩斯栩栩如生，活靈活現，為全球讀者熟知。每個人都有自己的特長，都有特定的天賦與素養，如果你選對了符合自己特長的努力目標就能成功；如果沒有選對符合自己特長的努力目標，或許就會埋沒了自己。

美國企業家洛克斐勒說過：如果人生是場賭博，我一定要選擇自己擅長的賭博方式。很多人的成功，首先得益於他們充分了解自己的長處，並根據自己的特長為自己定位。如果未能充分了解自己的長處，只憑一時的興趣和想法，那麼定位就很可能不準確，並帶來很大的盲目性。歌德一度沒能充分瞭解自己的長處，建立了當畫家的錯誤志向，害得他浪費了 10 多年光陰，為此他非常後悔。美國女星荷莉‧杭特（Holly Hunter）一度竭力避免被定位為短小精悍的女性角色，結果走了一段彎

路。幸虧有經紀人的引導，她重新根據自己身材嬌小、個性鮮明、演技極富彈性的特點進行正確定位，主演了《鋼琴師和她的情人》（The Piano）等電影，一舉奪得坎城影展的金棕櫚獎與奧斯卡獎。

類似的例子實在太多。

發明家愛迪生少年在校讀書時，老師認為他是個笨孩子，經常責怪他。而愛迪生的母親卻發現自己兒子有喜愛探究的天賦，便用心培養他，後來他終於成為大發明家。

著名生物學家達爾文年輕時學數學、醫學呆頭呆腦，一摸到動植物卻靈光煥發……

艾西莫夫（Isaac Asimov）是位世界聞名的科普作家，同時也是位自然科學家。有天上午，他坐在打字機前打字時，突然意識到：「我當不了第一流的科學家，卻能成為第一流的科普作家。」於是，他幾乎把全部精力都放在科普創作上，終於成為 20 世紀全球最著名的科普作家之一。

倫琴（Wilhelm Röntgen）原來學的是工程科學，他在老師孔特的影響下，做了些物理實驗，並逐漸體會到，這就是最適合自己的行業。後來他果然成為成就斐然的物理學家。

一些遺傳學家經過研究認為：人的正常智力由一對基因所決定。另外還有五對次要的修飾基因，它們決定著人的特殊天賦，有著降低或升高智力的作用。一般說來，人的這五對次要

## ▶▶▶▶ 第二章　過河不只是比勇氣

基因總有一、兩對是「好」的。也就是說，人總有可能在某些特定方面具有良好的天賦與素養。

所以，每個人都應該努力了解自己、客觀地評價自己，這樣才有可能在選擇工作或創業時，找到自己在社會座標系中的適當位置，既能有效發揮自己的才能，又能充分挖掘自己的潛力，從而最大程度地實現夢想。

有隻小猴玩得興起，爬到主人家的屋頂蹦蹦跳跳，主人一個勁地誇讚小猴靈巧。為了得到主人的誇獎，小毛驢也爬到屋頂，費了好大勁，卻把主人的屋瓦踩壞了。主人見狀，便大聲趕牠下來，並打了牠一頓。小毛驢的事與願違便源於牠未曾了解自己。

### 讓自己充滿熱情

英國人威廉‧菲利浦年輕時是個牧羊人，過著清苦的生活。但是，威廉身上有著勇於闖蕩的血性，那顆永不安定的心時時提醒他：眼前的生活並非他的理想。

威廉決定放棄目前的工作和生活，立志成為航海家周遊世界。他打算先從與風浪搏鬥的水手做起。他一做出決定，家人立刻強烈反對。可是，威廉卻下定決心要挑戰自我的命運，他要讓上帝震驚。

為了實現理想，威廉開始利用一切空閒時間苦讀，鑽研

技術，經過別人的悉心指點和自己的孜孜不倦，他的技術日漸嫻熟。後來，在波士頓，他邂逅了一個有些家產的小寡婦並墜入愛河。成家後，威廉用自己的雙手圍起一個小院子，開始造船，經過幾個月的艱苦勞動，船終於下水了。

一天，威廉正在街上閒逛，無意中聽說一艘載有大量金銀珠寶的西班牙船隻在巴哈馬失事了。這消息強烈地刺激了他的冒險精神，他立刻與一個可靠的夥計駕船前往巴哈馬。他們發現了這艘船，撈起許多貨物，但其中財物很少，儘管如此，這次經歷仍大大增強了他開拓事業的膽量和信心，這才是他獲得的真正財富。後來，有人告訴他，半個多世紀前，有艘滿載金銀財寶的船在離塔斯馬尼亞島不遠處遇難沉沒，威廉當即決定打撈這些稀世珍寶。

在得到英國政府的幫助下，威廉率船安全抵達塔斯馬尼亞島海岸，展開艱苦的搜尋。可是，幾週過去了，除了打撈上來不少海藻、卵石和碎片外，他們一無所獲。失望的情緒開始在船員中蔓延，他們低聲抱怨威廉無聊又盲目。

終於，一些船員的怨恨白熱化了，他們醞釀著可怕的陰謀，準備將劫持這艘船，把威廉扔進海裡餵魚，然後在南海一帶作海盜，隨時襲擊西班牙人。可是，這個計畫不幸被木工洩露，威廉立刻集合自己的親信，用武器和勇氣控制住局面，平定了叛亂。由於船隻在這次叛亂中受損，威廉不得不暫時放棄

打撈計畫，將船駛回英國修理。

　　回到英國後，威廉立即著手籌募資金，準備再次遠航。可是因為政府正面臨各種危機，已無暇顧及威廉的淘金計畫。威廉別無他法，只好靠募捐來收集必需的錢財，於是遭到許多人嘲笑，他們稱他是高級的叫花子，但威廉不予理睬，他軟磨硬泡，終於有了啟動資金。在長達 4 年的募捐過程中，他不厭其煩地向有影響力的大人物講述自己的宏偉計畫，勸說他們資助。最後他終於成功，由 20 個股東組成的公司成立了。

　　有了充足的資金與豐富的經驗，他再次展開冒險而充滿激情的遠航。

　　也許是威廉的精神感動了上帝，這次終於有了圓滿的結果。在安詳、靜謐的海面下，威廉打撈出價值 30 萬英鎊的珠寶，這可不是筆小數目。威廉帶著這批珍寶起程回國。國王賞賜給威廉 20,000 英鎊，同時，為了嘉獎威廉勇敢的行為和誠信的品格，國王並授予他爵士的光榮稱號，並任命他為新英格蘭郡長。

　　縱觀威廉輝煌而傳奇的一生，正是激情改變了他的命運。如果沒有這種激情和血性，威廉也許還是個牧羊人，生命對他來說，只不過是平淡無奇的虛耗。

　　人生的路上有一個個加油站，它們並不是固定的，地圖上也找不到，需要靠你自己的力量去發現。而每找到一座加油

站,你就可以為自己加油,所加的當然是熱情。可以說,任何事情想要成功,都需要熱情作為動力。

為什麼鬱悶無聊會成為我們的口頭禪,就是因為我們的生活缺少熱情。生活、讀書、工作,這些事都好累,累得我們喘不過氣,整天忙忙碌碌疲於奔命。這樣有什麼意思嗎?

有一次,一位外國的部長問比爾蓋茲:「我在微軟參觀時,看到每個員工都非常努力,非常快樂。你們是如何創造這樣的企業文化?」比爾蓋茲回答:「我們聘用員工的前提,就是這個員工要對軟體開發有熱情。」這就是微軟成功的必要前提。

熱情總是與夢想相伴,高昂的熱情出於發自內心的興趣。在工作中培養熱情,在熱情中愉快工作,如此,提升的不僅是工作品質,而且還有人生的境界與做人的價值。熱情的工作態度成就了我們的事業,而熱情的人生將使我們得以永恆。如果說熱情是「火焰」,那麼,興趣就是點燃熱情的「火種」。因為追求自己的興趣而充滿熱情,因為有熱情才能享受快樂!有了興趣,就能激發潛能,一個人才有可能不斷成功,就可能達到卓越的境界。反之,如果做的是連自己都沒興趣的事,就只會事倍功半,還很可能一事無成。

如何培養熱情呢?重點有三:

❖ **選你所愛**:不必太在意別人或社會是否看重,用但丁的名言說,就是:「走自己的路,讓別人去說吧!」

❖ **愛你所選**：當你沒有選擇或不容易改變現狀時，「愛你所選」的嘗試加上積極樂觀的態度，會幫你找到光明之路。

❖ **忠於興趣**：一旦培養出自己的興趣，就一定要珍惜並全力以赴，勇敢執著地堅持下去，一定會有收穫。

　　沒有熱情，人就不過是種潛在的力量。就像打火石，在它能迸發出火星之前，也等待著鐵的撞擊。

## 要智取不要蠻幹

　　有位先生在一家公司做了十多年，在部門副理的位置上待了五年，遲遲升不上去。本來兩年前有個扶正的機會，原經理調入總部，空下的位子極可能由他接替，但總部不知出於什麼目的，竟另從他處調來別人當這個經理。這位先生沒當上經理，本來心理也沒什麼不悅，但問題是：新來的經理和自己不對盤，經常會有些小摩擦。

　　在一次衝突後，這個副理決定不再在這個經理下面受氣，於是決定找獵頭公司幫自己找個合適的公司。他在家裡將這個決定告訴妻子，他的妻子問他：你是不是對這公司沒興趣了？他回答不是的，自己很捨不得走，只是無法忍受經理的管理方式。「那你為什麼不換個角度，試著幫你的經理找個更好的職位呢？」

　　這主意不錯。副理心想：但要如何才能讓經理離開呢？出陰招、發黑函之類的下流手法顯然不可取。他們夫妻倆一再商

量，覺得最好的辦法莫過於幫經理升職去總部，這是個積極的雙贏方法。

有了這個策略後，副理的工作便更努力，不僅帶領團隊將業績做得相當出色，還在很多重要場合突顯經理的領導有方。這麼做的效果很快就出現了，首先經理與自己的衝突減少，不久後，經理就因能力高強而上調總部，去擔任更重要的職務。經理臨走時，大力向高層推薦這位副理接任自己的位置。結果，副理果然馬上扶正。

我們舉上面這例子的意思是：解決問題的方法很多，一定要用腦子智取，不要蠻幹。用對方法才是強者。蠻幹很容易，做得不開心便一走了之，這個人人都會。西方有句十分有名的諺語，叫做：「Use your head.」（用用你的腦子），許多名人一生都謹記著這句話，為人類解決了許多難題。

在現代社會中，每個人都在想盡一切辦法解決生活中的問題，而最終的強者，也是解決方法最適當的那些人。

世界著名的電腦品牌 IBM 的創始總裁華生（Thomas J. Watson）就是一個特別注重辦事方法的人，而且他很捨得花時間和金錢來訓練員工思考解決問題辦法的能力。他曾對外界信誓旦旦地說：「IBM 每年員工教育訓練費用的增長，必須超過公司營收的成長。」事實上也確實如此。

在 IBM 全球分公司管理人員的桌上，都擺著一塊金屬板，上面寫著「THINK」（思考）。這一字箴言，就是 IBM 的創始

## ▶▶▶▶ 第二章　過河不只是比勇氣

人湯瑪斯‧華生創造的。

　　1911 年 12 月，那時的華生還在 NCR（National Cash Register，國際收銀機公司）擔任銷售部門的高級主管。

　　有一天，寒風刺骨，霪雨霏霏，氣氛沉悶，無人發言，大家逐漸焦躁不安。

　　華生突然在黑板上寫了個很大的「THINK」，然後對大家說：「我們共同的缺點是，不曾對每個問題充分思考，別忘了，我們都是靠動腦賺到這份薪水的。」

　　在場的 NCR 總裁約翰‧派特森（John H. Patterson）對「THINK」這一字大為讚賞，當天，這個字就成為 NCR 的座右銘。3 年後，它隨著華生的離職，又變成了 IBM 的箴言。

　　其實，「THINK」是華生從多年的推銷經驗中孕育出來的。

　　他在 1895 年進入 NCR 當推銷員，他從公司的「推銷手冊」中學到許多推銷技巧，但理論與實際總有一段距離，所以他的業績很不理想。

　　同事告訴他，推銷不需要特別的才幹，只要用腳去跑，用嘴去說就行了。華生照做了，還是到處碰壁，業績很差。

　　後來，他從困厄中慢慢體會出，推銷除了用腳、用嘴之外，還得靠腦。想通這點之後，他的業績大增。3 年後，他成為 NCR 業績最好的推銷員。這就是「THINK」的由來。

　　德國著名數學家高斯童年時的聰明早被傳為佳話。小高斯

和同學在計算 1 到 100 之間的自然數總和時都在用腦。小高斯
卻用腦找出一條捷徑，用對方法後，不到半分鐘就算出 5050
的正確答案；而其他人則用腦將一個又一個數字相加，費時費
力得出的答案還較難保證不出錯。這就是用對方法的力量。

　　思路決定出路，想到才能做到。人的思想是塊富饒的土
地，你可以讓它變成碩果纍纍的良田，也可以任它成為雜草叢
生的荒地 ── 一切都取決於你是否有計畫地播種與耕耘。

## 發現過河之船的缺點

　　河裡水深浪高，如何讓自己一路有驚無險？

　　把自己過河所需要面對的阻力考慮周全，找出應對之策。
特別是對最薄弱的環節，一定要未雨綢繆地加固。打個比方，
你打算駕一艘船過河，你為這艘船裝上優秀的動力系統、先進
的導航系統，自己也學習鑽研了航行技術。唯一的缺點是：船
舷有點低。

　　船舷有點低可是個大問題，你的其他零件性能再好，但船
舷低，一旦進水，就有覆頂之災。因此，這個問題在你的船下
水之前一定要解決。一個人要想做出一番事業，往往不是有
一、兩樣優秀的能力就行了，很多事業需要綜合能力。比如你
想在仕途上有番作為，恐怕就不只是通過公務員考試那麼簡
單，你還需要鍛鍊口才、提高修養等等。

# ▶ ▶ ▶ ▶ 第二章　過河不只是比勇氣

　　有個眾所周知的「木桶理論」，其核心內容為：一隻木桶盛水的多寡，並不取決於桶壁最高的那塊木板，而是取決於桶壁上最短的那塊。這個理論有點殘酷，卻是事實，有點類似我們常見的「一票否決」。我們的事業也常在我們察覺或未察覺中被「一票否決」了。

　　每個人都有很多短處，沒有人是全才。有些短處根本就不必理會 —— 比如一個便利商店的老闆沒必要花力氣搞懂飛機製造的原理。便利商店老闆需要加強的是經營管理能力，以及足夠的現金流，前者是軟能力，後者是硬能力。缺乏哪一種，事業都很難成功。那麼，身為便利商店老闆，就要審視自己的「缺處」在哪裡，並想方設法地「加長」。

　　因此，「短處」是影響你事業的致命弱點、缺憾、紕漏和不足。這其中涵蓋了能力、資源、性格、心態、習慣等許多方面。當你有了個絕佳的商業創意，卻苦於沒有啟動資金，這時，資金就成了你的短處，你要努力下工夫來補足這個缺點。有計畫地集資，有目的地結識一些可能在資金上幫助你的人，這些行動你都必須去做，而且最好是未雨綢繆，不要臨時抱佛腳。

　　個性上的缺點與壞習慣也要及早修改。一個沉迷於賭博的人，這塊「短處」可以毀了他的所有。常聽人這樣評價一個人：這個人哪，別的什麼都不錯，就是改不了這個壞脾氣。或

者說：這個人與他人格格不入，不好相處，太缺乏團隊精神！敬而遠之吧！這樣，日子久了你就成了孤家寡人，也許你還沒意識到自己的不足。其實，這種孤芳自賞性格的形成，已經成為你事業上致命的缺點了。

當今的許多事業與職業，雖然越來越呈現專業細化的傾向，但專業細化不等於所掌握的知識與技能就很狹窄。如果專業細化是一粒沙子，這粒沙子裡也許是個大世界。因此，你要找出自己專業上的弱點，把你的事業之「桶」加高。人非聖賢，人人都可能有「短處」。有「短處」並不可怕，可怕的是知道了而不正視，不去改變。因此，一個真正聰明睿智的人，應當盡量補齊自己的「短處」，如果實在無法補齊，也要始終保持警惕，遏止它的發展，千萬不要讓它成為導致自己人生失敗的致命缺點。

現在，不妨先自我剖析並反省一下，找出自己目前事業上的短處，不要隱藏，把它放在太陽下晾一晾，然後，用欣賞的眼光學習別人的長處，用苛刻的眼光審視自己的不足。最後，努力彌補自己的短處，如果你有了這樣的意識，最好在補足了短處之後，還能預計將來的發展情況，早日將自己可能出現的其他短處也加長。這樣，成功的機會就會更青睞你。

## 另一隻眼看「瞻前顧後」

「瞻前顧後」通常被我們視為貶義詞，形容某人顧慮過多、猶豫不決。其實，這個成語的意思還有另外一層：「形容做事之前考慮周密謹慎」。我們知道，高手在下棋時，總是不斷地「瞻前」── 看對方的棋路、雙方前幾步的得失；還不斷地「顧後」── 棋諺有云：不看三步莫拈子。而棋盤上的卒子過河，若不瞻前，又如何保證不撞槍口？不顧後，又焉能確保不落虎口？

在人生的道路上，適度瞻前顧後是可行的，也是必需的。有的人辦事只圖一時痛快，而對產生的後果考慮得不夠仔細，因而悔之莫及。聰明人恰好相反，當需要對一件事做出決策時，他們總是左思右想，瞻前顧後，直到對行為的利弊得失形成清醒的認知後再做決策。也正因此，他們後悔的事情比較少，生活比較順利。下面的三則歷史故事，就能說明這個道理。

第一個故事：宋太宗時，西夏的李繼遷來騷擾西部邊疆。保安軍向皇上報告說，捉到了李繼遷的母親。宋太宗想殺掉李繼遷的母親，因此，單獨召見擔任樞密使的寇準，商量處置辦法。商量完後寇準退出，走到宰相府門口時，呂端問寇準：「能向我透露點消息嗎？」寇準說：「可以。」呂端說：「準備怎麼處理呢？」寇準說：「打算在北門外斬首，以警告那些反叛之

輩。」呂端說：「這可不是個好辦法。」

說完，他馬上奏稟宋太宗說：「過去項羽打算油烹劉邦的父親，劉邦告訴項羽：『如果炸了我的父親，希望把他的肉湯分一杯給我喝。』一般說來，成就大事業的人不會顧戀親人。更何況李繼遷這個不講仁義的反叛之徒呢！陛下您今天把他母親殺了，明天就能捉到李繼遷嗎？如果捉不到，白白結下怨仇，只能越來越堅定他反叛的決心。」太宗問：「既然這樣，那怎麼辦好呢？」呂端說：「以我的愚見，應該把他的母親流放到西部邊疆的延州，好好對待她，這樣可以誘降李繼遷。即使他不能馬上投降，也可以拴住他的心啊！而他母親的生死大權卻時時掌握在我們手裡！」太宗聽後，拍著腿叫好，說道：「若不是你，幾乎誤了我的大事！」

後來，李繼遷的母親在延州逝世，不久李繼遷也死了，他的兒子投降了朝廷。

第二個故事：有個叫王雲鳳的人，出任陝西提學。臺長汪公對他說：「你初到任上，整頓風紀可以，但一定只能做份內之事，千萬不要毀壞寺廟，禁絕僧道。」王雲鳳說：「這正是我份內之事，您怎麼這樣說？」汪公說：「凡事應該看得真確再去做。還沒看清楚，為了贏得一時虛名就去做，等日後自己的老婆孩子得了病，不得不到寺廟燒香拜神時，就要被四面八方的人恥笑了！」王雲鳳對此拜服不已。

## ▶▶▶▶ 第二章　過河不只是比勇氣

　　第三個故事：馮益是宋高宗的御醫，也是個有權勢的內府官吏，大臣都很恨他。有天，山東泗州的知州奏稟皇上說：「外面傳聞馮益派人收買禁藥，還做了許多非法的事。」大臣張浚奏請皇上殺了馮益。趙鼎卻表示反對，他說：「馮益的事曖昧不清，但似乎有關國家威望，這不是件小事。如果朝廷不懲罰他，那麼，人們會以為他做的那些壞事都是皇上指使的，會有損皇上的威望，但事情還未查清便處以死刑，下手又太重了。不如暫時解除他的職務，流放外地，以解除他人的迷惑。」

　　皇上表示同意，把馮益流放到浙東。張浚很生氣，以為趙鼎和自己過不去。趙鼎解釋道：「自古以來，排除小人時，若太過急切，會讓小人抱團聚堆，一致對外，禍害反而更大；若動作慢些，他們就會自相排擠，彼此火併。馮益的罪過，就是把他殺了也不足以告慰天下。但這樣做，那些宦官必然害怕皇上殺順了手，自己也要遭殃，必定爭相為他辯駁，以減輕他的罪過。不如先使之遭貶，流放外地，這樣，其他宦官見罪過不重，就不會全力營救，這就是說，馮益再也休想返京！反過來，如果我們處死馮益，這些人必將視我們為寇仇，其勾結也會越加密切，到那時就很難擊破了啊！」

　　聽了這些，張浚嘆服不已。

　　由此可見，瞻前顧後絕非懦夫之舉，亦非畏前怕後。它是智慧者決策前的周密思考，是處於進退之間而欲進取不敗的重

要手段。不瞻前顧後，魯莽行事必遭挫折、失敗。蜜蜂飛入花苞中盡情採蜜，當傍晚將至，花苞欲合，牠還戀戀不捨，採蜜不止，不欲離去，而當花苞閉合，牠再也飛不出去時，只能死於花苞之中。這也許就是不思瞻前顧後的悲劇。《說苑·建本》曰：「不慎其前，而悔其後，雖悔何及。」可謂至理名言。

越是重要的事，越要謀定而後動。人生如棋，只有那些走一步看三步的人，才能笑到最後。

# ▶▶▶▶ 第二章　過河不只是比勇氣

# 第三章
## 抓準過河的機會

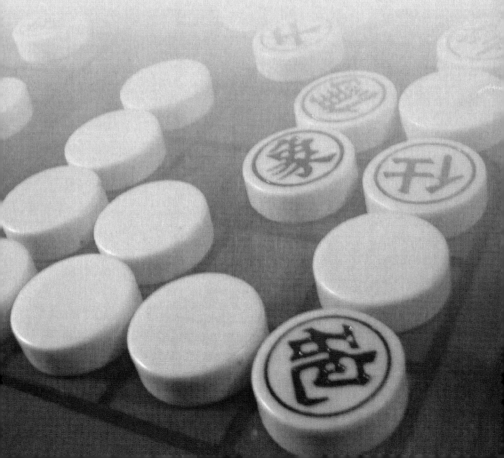

## ▶ ▶ ▶ ▶ 第三章　抓準過河的機會

卒子要安全過河，必得找到一個最佳的機會。

在我們的人生旅途中，也存在類似的機會。機會未到時，你不能盲動 —— 盲動的後果便是被動；機會到來時，你不能不動 —— 不動的後果便是蹉跎歲月。

人生中真正算得上的好機會並不是很多。並且，很多機會出現時都蒙著面紗，難以辨認，要等到錯過之後才容易發覺。如何辨別機會，進而抓住機會，正是「卒子」需要終身學習的技能。

機會只偏愛有準備的人，只垂青深諳如何追求它的人，只賜給那些敢出手的人。它猶如明察善斷者不斷進擊的鼓點，長夜中士兵即刻開拔的號角。在它面前，任何猶豫都與它無緣，都不能開啟勝利之門。機不可失，時不再來，在進退之間，不能把握時機、勇於選擇，必將一事無成，抱恨終生。

大鵬一日同風起，扶搖直上九萬里。 —— 唐代詩人李白

機會對於不能利用它的人又有什麼用呢？正如風只對於能利用它的人才是動力。 —— 法國小說家克勞德‧西蒙（Claude Simon）

誰若是有一剎那的膽怯，也許就放走了幸運在這一剎那間對他伸出的香餌。 —— 法國浪漫主義作家大仲馬

機會老人先給你送上它的頭髮，當你沒有抓住再後悔時，卻只能摸到它的禿頭了。

或者說它先給你一個可以抓的瓶頸，你不及時抓住，再得到的卻是抓不住的瓶身了。 —— 英國哲學家和科學家弗蘭西斯‧培根

## 眼界決定境界

　　古代哲學家莊子是個善用生動故事來講道理的哲人，他曾講過一個這樣的故事：

　　在宋國，有一家人以漂布為生，因為冬天裡漂布要接觸冷水，所以漂布人在冬天工作很辛苦。這家人的祖上有個祕方，冬天塗在手上能令人手不生凍瘡，皮膚不會龜裂。正是這個祖傳祕方，使這家人世世代代平安地經營著漂布生意。有路人聽說後，提出用 100 兩金子來買他們的祕方。100 兩金子在那時可是一筆巨款，漂布人家當然難以拒絕，買賣因此成交。路人買到祕方後，拿著祕方去南方求見吳王。吳越地處沿海，守衛國土主要靠水兵。而水兵因為長期與水打交道，在冬天也容易因生凍瘡而影響戰鬥力。吳王聽說來者有此祕方大喜，讓其做了吳國的水兵統帥，替吳國練兵。到了冬天，吳越兩國發生水戰，吳國的水兵塗了藥，不怕冷，不生凍瘡，結果打敗了越國，此人因之立了大功，割地封侯。

　　同樣一個不生凍瘡、不皸手的藥方，有的人用來封侯拜將，而守著這個方子的那家人卻世世代代為人漂布。由此看來，同樣一個東西，人的聰明才智不同，用法不同，效果就有天壤之別。所以任何思想，任何方法，不是有沒有用，而在於用還是不用，以及會用不會用。會用，就能求名得名，求利得利；不會用，那就只有站在河邊空嘆了。

　　一個人的眼界，決定他成就的境界。目力所及之處，便是他成就的極限。

　　所謂眼界，是指人的見識廣度；所謂境界，是指人的思想、情操所達到的程度或層次。站得高才能看得遠，看得遠才能做得好。眼界越寬廣，境界越高，這就是眼界決定境界。

　　眼界寬，博採眾家之長，就能補己之短，能以人之「鑑」，長己之「智」，亦能知己知彼，百戰不殆。眼界窄，閉門造車，不但學不到新東西，還易增長驕惰之氣，失卻良好的機遇，落後於他人。

　　不審天下之勢，難應天下之務。寬廣深遠的眼界，使人更善於捕捉、發現新的發展趨勢，勇立時代的潮頭。今天的科學技術和生產工藝更新的速度不再以年代為單位，只有睜大雙眼，時刻關注，追蹤把握，才能認清發展的趨勢，拿出相應的對策，與時代同步。有了開闊的眼界，就表示能把握住發展進步的先機。所謂的「欲窮千里目，更上一層樓」就是這個道理。

　　哲學家馮友蘭在《新原人》一書中曾說，人一生有四種境界：自然境界、功利境界、道德境界、天地境界。此四種境界的高低取決於人的素養高低，說白了，就是眼界寬窄。眼界寬，做事就不會只是順著本能或其所在社會的風俗習慣，就不會只為自己去做各種事，而是所做的都是符合嚴格道德標準的

有道德行為，並且了解自己所做之事的意義，自覺地去做所做之事。

　　高明的棋手，能以長遠的目光來縱觀全局棋勢，能看出後面許多步棋的走法。當然，「棋藝」的高明並非天生，而是靠後天辛勤的練習、觀察和思考培養出來的。那些走一步算一步、只看眼前利益的人，若不懂得拓寬與拓深自己的視野，就很難在自由經濟的浪潮中獲得理想的回報。

　　寬廣深遠的眼界，使人更善於捕捉、發現新的發展趨勢，立於時代的浪頭。即使是平常，也可能有機會的影子，能否發現，就要看是否用了眼力與心力。

## 走好人生關鍵幾步

　　人生如棋。下棋的過程百轉千迴，人生也充滿無數轉折；棋路的風格恰如人生的風格，有人保守，有人激進，有人冷靜；棋的結局亦如人生的結局，有得意人，也有失意者……但也許最大的相似之處是：每一步棋都是一次選擇，而人生亦如此。下棋時有「一步錯，步步錯」、「一著不慎，全盤皆輸」的說法，而人生若在關鍵時刻選擇錯誤，也會造成終生難以彌補的遺憾。

　　確實，人生中最關鍵的只有幾步，如果每一步都比別人強一點點，哪怕只有 10%、20%，那麼幾步下來，你的綜合競爭

## ▶ ▶ ▶ ▶ 第三章　抓準過河的機會

力和無形資產將是別人的兩倍。這兩倍的優勢,將帶給你幾十甚至上百倍優於他人的回報。這就是微小相對優勢在現代社會充分競爭中的放大。

　　人生中的哪些步伐屬於關鍵的幾步呢?儘管其中有些因人而異的差別,但其中一些共同處無非是:上學,工作,結婚。比如上學,要選擇什麼科系、什麼學校。或是工作,則是職業(或創業)發展方向。而結婚,則是對象的選擇。這三步與人一生的軌跡關係非常密切。如果你學的科系是自己喜歡的,學校是優秀的,出社會時選擇的發展方向清晰正確,婚姻配偶琴瑟和鳴,那麼你的一生就會進入良性循環,以後的生活也會相對順利些。反之,如果出現偏差而不校正的話,一生都將生活在陰影裡,而校正它則會增加大量的時間成本與機會成本。所以面對如此重大的幾個選擇時,大家一定要慎重再慎重,千萬不可草率隨意。當然,話也說回來,並非一步走錯人生就全無盼頭,只是你需要付出更多,遇到更大的困難而已。

　　人生旅途的關鍵幾步怎麼走,決定了一個人最後是偉大還是平庸;是幸福還是痛苦……進一步說,一些個人的選擇,還將對社會、對歷史產生巨大的影響。我們可以設想一下,如果司馬遷遭受宮刑後不甘屈辱,而選擇以死抗爭,如果比爾蓋茲在感覺到巨大的歷史機遇時選擇為了拿文憑而繼續哈佛的學業,那麼,世界上缺少的恐怕就不僅是一個歷史學家和一個

億萬富翁了。我們也可以設想，許多本來可以成為傑出人物的人，由於做出錯誤的選擇而變得沒沒無聞。

關鍵的幾步走好，或者說做出人生的正確選擇，並不是件容易的事。我們在事後評斷別人，尤其是傑出人物的錯誤選擇時，往往替他們感到惋惜：這麼簡單的事，他們竟然……唉……其實，無論什麼人，包括那些絕對正確的事後諸葛亮，當他們面臨選擇，尤其是重大選擇時，往往都會感到無所適從。因為能影響成功的因素太多，誘惑太多，困難太多，未知數太多。尤其是，當人們還年輕，知識累積和人生閱歷都還很有限的時候，當他們的眼界還沒打開的時候。

向左走？向右走？人生的地圖上，處處是十字路口。你的每一步都是為自己種下一顆命運的種子。一步走對了，又一步走對了，無數走對的步子，引領你走向成功的彼岸。

## 關鍵時刻勇於出手

除了前面我們談到的幾個關鍵步驟外，在人生的旅途上，還有些隨機出現的關鍵時刻。這些關鍵時刻的出現往往難以預料，甚至難以發覺，但你若獨具慧眼發現並抓住了，就能發生不同凡響的作用。

和珅這個人我們都知道，近年充斥螢幕的清宮劇中，總少不了這個奸臣粉墨登場。和珅是乾隆皇帝身邊紅得發紫的人。

## ▶▶▶▶ 第三章　抓準過河的機會

和珅本來是個儀表俊雅，精通滿漢蒙藏四種文字的秀才，22 歲時當上三等侍衛，三年後透過關係得以成為皇帝鑾輿儀仗的侍衛。這個職務相當於現在大老闆的司機，也就是一個普通的御前侍衛而已，離皇帝身邊的紅人還有一定的距離。

和珅之所以能受到乾隆青睞，和一個小插曲有關。一次在乾隆皇帝出宮之際，負責出行的「司機」們倉卒間找不到御用的黃龍傘蓋。乾隆很生氣，借用《論語》中的一句發問：「是誰之過歟？」在場者面面相覷，不知如何回答。年輕的和珅站出來響亮地回答：「典守者不得辭其責。」

乾隆皇帝聽了很吃驚，因為《四書》中對上句話的註解是：「豈非典守者之過邪？」這裡，和珅變通得自然貼切。乾隆皇帝是個愛才之人，當場就把和珅叫過去詢問。而和珅答得也很得體，很讓乾隆皇帝滿意。

就這樣，關鍵時候和珅的這句話，讓乾隆皇帝對他青眼有加。很快，乾隆就讓他總管儀仗隊，這無疑真是「卒子過河」了。不久，又升和珅為御前侍衛兼副都統，管理宮中的瑣碎事務。就這樣，和珅成了乾隆最貼身的人。再後來，他透過努力，變貼身為貼心。

和珅抓住時機的一句話，拉開了平步青雲的序幕。當然，和珅這個大奸臣那套拍馬屁的功夫應該批評，絕不值得誇讚，但他對隱性機會的敏銳發覺與大膽掌握卻值得借鑑。

有些時機是突然出現的，就像乾隆皇帝發問的時機，完全要靠敏銳的眼光捕捉，要靠高超的智慧應對，要靠一定的膽量接招。而有些機會要靠等待。時機不成熟，話語說出來的效果就會大打折扣。

時機到來時，有的人能及時發現，有的人卻視而不見，有的人雖有所發現，但認知不夠而抓不準。對機會的認知決定了對機會的選擇。不能識機，也就無所謂擇機；識機不深不明，便會在機會選擇上猶豫徘徊，左顧右盼，不能當機立斷，最後錯失良機。所以，能認知到機遇的來臨，便需要有一番功力。不過，這種功力是能掌握的，而唯一的途徑，就是不斷學習。

三國時代的袁紹就是無法掌握時機的典型。他是名門望族之後，十八路諸侯聯合討伐董卓時，他被推為盟主。一時間，天下英雄豪傑、仁人志士，紛紛投其麾下。那時，他擁有四州之地、數十萬大軍，帳下謀士如雲、戰將林立，成為當時北方勢力最大的割據者。然而，這樣一個人物，最後竟然敗在曹操手下。袁紹的敗北，固然有許多原因，但其中主要的一點就是「多謀少決」，錯過了不可復得的戰機。

袁紹第一次發兵討曹失敗，退軍河北。這時曹操乘機征伐劉備，許都兵力空虛。謀士田豐勸說袁紹抓住良機，再次攻打許都。

田豐說：「老虎正在捉鹿，熊可以乘機闖進虎穴吃掉虎

子。老虎前進捉不到鹿，退又找不到虎子。現在曹操親率大軍
征討劉備，國內空虛。將軍長戟百萬，騎兵千群，逕直攻打許
都，搗毀曹操的巢穴，百萬雄師，從天而降，就像舉烈火燒茅
草，傾海水澆火炭，能不成功嗎？兵機的變化非常之快，戰爭
的勝利可在戰鼓聲中獲取。曹操得知我們攻下許都，必定丟下
劉備，回攻許都。那時，我軍占據城內，劉備在外面攻打，反
賊曹操的腦袋肯定懸在將軍您的旗杆上了。反之，失去這個機
會，不去攻打許都，使曹操得以歸國，休兵不戰，生養百姓，
積儲糧食，招攬人才，加上現在大漢的國運衰微，綱紀不存，
曹操利用他的勢力，放縱他的貪慾，那必然釀成篡逆的陰謀。
到了那時，即使有百萬兵馬攻打他，也無濟於事了。」

　　可惜的是，袁紹以剛出生的兒子有病加以推辭，不許發
兵。田豐用枴杖敲著地說：「遇到這樣難得的機會，卻因為嬰
兒的緣故而失去，大勢去矣！可痛惜哉！」

　　所以說，如果人生可以重來，大多數平庸之輩都能成為偉
人，因為他們再也不會錯過那些至關重要的機會。如果歷史可
以假設，項羽在鴻門宴中除了劉邦，天下非項羽莫屬。可惜歷
史已經定格，項羽沒有抓住機會，而劉邦在楚漢相爭對峙時，
抓住了自己勢力強盛而楚軍疲弱、軍糧將盡的絕佳機會，指揮
大軍過河一舉打敗了項羽。關鍵時刻的機會，是如此重要。

　　失去金錢的人損失不大，失去健康的人損失很大，失去勇

氣的人損失了一切。勇敢地邁出你的腳步吧，否則你永遠只能站在河的這邊，眺望著彼岸如詩如畫的美妙景色。

## 抓住萬分之一的可能

「撿漏」是收藏界的專門術語，指的是慧眼識寶，用像撿一樣的低價，從不識貨的賣家手裡買進「大開門」的收藏品。也就是說，撿到了別人漏掉的寶貝。

人生中的機會，有時候如同一個「漏」，別人沒有發現，你發現了，要學會不動聲色地立刻抓住。

約翰‧甘布士是美國一個地區的百貨業鉅子，他就是個勇於冒險抓住機會的人。當別人問到他成功的經驗時，他簡直沒把自己的成功當回事。因為在他眼中，只要抓住機會，成功就會是件很簡單的事。

有一次，約翰‧甘布士要乘火車去紐約，但事先沒買到火車票。因為那時剛好是聖誕節前夕，去紐約度假的人很多，所以很不容易買到車票。但是車站經理卻說：假如你不怕麻煩的話，可以帶著行李去車站碰碰運氣，看看會不會有人臨時退票。

車站經理還反覆強調一句話：這種機會或許只有萬分之一。

甘布士聽完後，果斷做出決定：按原計畫出行，就像已經買到火車票一樣！他夫人很關心地問：要是你到了車站但買不

到車票怎麼辦？他不以為意地答道：沒關係，我就當拿著行李去散步！

　　甘布士到了車站，等了很久，還是沒有退票的人出現。乘客都在匆匆奔向火車……

　　然而他並沒有急著往回走，而是耐心等待。離開車大約還有 5 分鐘時，一位女乘客匆匆來退票，因為她女兒得了重病，她被迫改坐以後的車次。

　　於是，甘布士買下那張票，搭上去紐約的車。到了紐約後，他打電話給太太時說：親愛的，我抓住了萬分之一的機會，因為我相信一個不怕吃虧的笨蛋才是個真正的聰明人！

　　甘布士後來果然成為舉足輕重的商業鉅子，他在一封給青年人的公開信中誠懇地說：

　　「親愛的朋友，我認為你們應該重視那萬分之一的機會，因為它能為你帶來意想不到的成功。有人說，這種做法是傻子行徑，比買獎券的希望還渺茫。這種觀點有失偏頗，因為開獎是由別人主持，絲毫無法透過你的主觀努力改變；但我說的這種萬分之一的機會，卻完全是靠自己的主觀努力去完成的。」

　　拿破崙‧希爾（Napoléon Hill）花了二十多年時間，走訪美國 500 多位從草根崛起的成功人士，發現他們身上有 17 個共同點，其中之一是：「一念之差的果敢決策」。

## 招招相接，環環相扣

中國歷史上歷來有重農輕商、重仕輕商的情結。一個商人做得再出色，也不會有多高的地位。呂不韋出生於戰國末年一個富商之家，但他不滿足於做個商人，很是想做居廟堂之高的大官。

要怎麼實現這個願望呢？呂不韋看準了秦國押在趙國為人質的公子異人，認為這個落難公子身上有個巨大的機會。他若能幫助異人成為秦王，那麼自己將來就可憑藉功臣身分分享成功。

身為商人世家的子弟，呂不韋的眼光可謂超凡脫俗。他發現了一個大餡餅不假，但要吃下去還得經過一番「料理」，弄得不好，這個餡餅就會變成一個陷阱，反而把自己吃得連骨頭都不剩。但呂不韋這個人確實很有才華與膽量，他並不畏懼這些。

根據《戰國策》的相關記載，呂不韋先是找到落難的異人，對他說：「公子您有繼承王位的資格，其母又在宮中。如今公子您既沒有宮內照應，自身又處於禍福難測的他國，一旦秦趙開戰，公子您的性命將難以保全。如果公子聽信我，我倒有辦法讓您回國，且能繼承王位。我先替公子到秦國跑一趟，必定接您回國。」異人聽後，如同行將溺水而亡的人看見有人伸出援手，自然高興萬分。這是第一步。

　　取得異人的配合後，呂不韋開始「下一盤很大的棋」。他必須遊說秦國，找個合理的藉口取消人質身分接收異人。怎麼實現這目標呢？呂不韋想到了王后華陽夫人的弟弟陽泉君。他找到陽泉君說：「閣下可知？閣下罪已至死！您門下的賓客無不位高勢尊，反而太子門下無一顯貴。而且，閣下府中珍寶、駿馬、佳麗多得不可勝數，老實說，這可不是什麼好事。如今大王年事已高，一旦駕崩，太子執政，閣下則危如累卵，生死只在旦夕之間。小人倒有條權宜之計，可令閣下富貴萬年且穩如泰山，絕無後顧之憂。」陽泉君趕忙讓座施禮，恭敬地表示請教。呂不韋獻策說：「大王年事已高，華陽夫人卻無子嗣，有資格繼承王位的子傒繼位後一定會重用大臣士倉。到那時，王后的門庭必定長滿蒿草，蕭條冷落。現在正在趙國為人質的公子異人才德兼備，可惜沒有母親在宮中庇護，每每翹首西望家邦卻無奈，極想回到秦國卻只是奢望。王后倘若能立異人為太子，這樣一來，不是儲君的異人也能繼位為王，他肯定會感念華陽夫人的恩德，而無子的華陽夫人也因此有了日後的依靠。」陽泉君說：「對，有道理！」便進宮如此這般對華陽夫人轉述。華陽夫人聽後，哎呀，這事很要緊！於是趕緊找到秦孝王，要求他向趙國要回公子異人。這是第二步。

　　有了異人的配合，又有了接收方，呂不韋的第三步是慫恿趙國放異人回秦國。趙國當然不肯輕易歸還人質，於是呂不韋

就去遊說趙王：「公子異人是秦王寵愛的兒郎，只是失去了母親照顧，現在華陽王后想認他為子。大王試想，假如秦國真要攻打趙國，也絕不會因為一個王子的緣故而耽誤滅趙大計，如此趙國不是空有這個人質嗎？但如讓他回國繼位為王，趙國以厚禮好生相送，公子是不會忘記大王的恩義的，這是以禮相交的做法。如今孝文王已經老邁，一旦駕崩，趙國雖仍有異人為質，也沒有資格與秦國相親近了。」趙王想想，呂不韋的話倒也句句實在，就將異人禮送回秦國。

公子異人回國後，呂不韋的組合拳又開始上演。我們都知道，自古以來，宮廷內鬥複雜而凶險，異人要從昔日落魄的人質變成顯貴的太子，還得經過一些周折。呂不韋打的仍是華陽夫人的主意。他幫異人想了很多取悅華陽夫人的方法。有一次，他讓異人身著楚服去晉見華陽夫人。華陽夫人原是楚國人，對異人的打扮十分高興，當即把公子異人認為乾兒子，並替他更名為「楚」。幫助異人穩穩地傍上華陽夫人這棵大樹，是呂不韋的第四步。

有了華陽夫人這個乾媽，異人出入宮中就很自由了。他因此而有更多與孝文王接觸的機會。一次，異人乘孝文王空閒時進言道：「陛下也曾羈留趙國，趙國豪傑之士知道陛下大名的不在少數。如今陛下返秦為君，他們都惦念著您，可是陛下卻連一個使臣都未曾遣派去撫慰他們。孩兒擔心他們會心生怨

恨。希望大王將邊境城門遲開而早閉，防患於未然。」孝文王覺得他的話極有道理，為他的見識感到驚訝。華陽夫人又乘機吹了枕邊風，經常為異人美言，並勸秦王立之為太子。終於，秦王招來丞相，下詔說：「寡人的兒子數子楚最能幹。」宣布立異人為太子。這是第五步。

公子楚做了秦王以後，任呂不韋為相，封他為文信侯，將藍田十二縣作為他的食邑。而王后被稱華陽太后，諸侯聞訊都向太后奉送養邑。直到這時，呂不韋的這樁大買賣才告一段落。

綜觀呂不韋導演的這場驚天大戲，我們會發現他具備非常高明的洞察力。看到一個機會在眼前，靠招招相接、環環相扣的紮實「功夫」，硬是一步一步將機會的種子培育成甘甜的果實。

我們常說要抓住機會，但機會有時不完全在於你沒發覺或沒膽量去抓，而在於沒有足夠的能耐去抓，所以，多學些本事對抓住機遇就極為關鍵。

人在開始做事前，要像千眼神那樣察視時機，而在進行時要像千手神那樣抓住時機。「機會難得」有兩層意思：一是機會珍貴，二是抓住機會有難度。許多人只認知到第一層意思，殊不知要抓住發現的機會也不是件容易的事。

## 馬上根除拖延的陋習

安東尼‧吉娜是大學裡藝術團的歌舞演員。在畢業時，她向人們展示了一個自認璀璨的夢想：大學畢業後，先去歐洲旅遊一年，然後要成為紐約百老匯的一名優秀歌舞劇主角。

當天下午，吉娜的心理學老師找到她，尖銳地問了一句：「妳現在去，跟一年後去有什麼不同？」

吉娜苦思了一會兒，對老師說，她決定半年後就出發。

老師緊追不捨地問：「妳半年後去，跟今天去有什麼不一樣？」

吉娜有些暈了，想想那個金碧輝煌的舞臺和那隻在夢中縈繞不去的紅舞鞋……她終於決定下個月就前去百老匯。

老師乘勝追擊地問：「一個月後去，跟今天去有什麼不同？」

吉娜激動不已，她情不自禁地說：「好，給我一星期的時間準備一下，我就出發。」

老師步步緊逼：「所有生活用品百老匯都能買到，你一週後去和今天去有什麼差別？」

吉娜終於雙眼盈淚地說：「好，我明天就去。」

老師讚許地點點頭說：「我現在就幫你訂明天的機票。」

第二天，吉娜就飛赴全世界最巔峰的藝術殿堂 —— 美國百老匯。當時，百老匯的製作人正在醞釀一部經典劇目，數百

名各國藝術家前去應徵主角。按當時的應徵步驟，是先挑出 10 個左右的候選人，然後，讓他們每人按照劇本的要求演繹一段主角的念白。這意味著要經過百裡挑一的兩輪艱難角逐才能勝出。吉娜到了紐約後，沒有急著去漂染頭髮、買靚衫，而是費盡周折從一個化妝師手裡要到將排的劇本。在這之後的兩天中，吉娜閉門苦讀，悄悄練習。

　　正式面試那天，吉娜是第 48 個出場，當製作人要她說說自己的表演經歷時，吉娜燦然一笑說：「我可以為您表演一段在學校排演過的劇目嗎？一分鐘就好。」製作人同意了，他不願讓這個熱愛藝術的青年失望。而當製作人聽到傳進自己耳中的聲音，竟然是將要排演的劇目念白，而且，面前的這個女孩感情如此真摯，表演如此唯妙唯肖時，他震驚了！他馬上通知工作人員結束面試，主角非吉娜莫屬。就這樣，吉娜來到紐約的第一天就順利地進入百老匯，穿上她人生的第一隻紅舞鞋。

　　拖延會帶來致命的惡果。在美國獨立戰爭期間，駐紮在特倫頓的傭兵指揮官拉爾總督正在打牌時收到一份情報，情報的內容是，華盛頓的軍隊正在渡過德拉瓦河，要向他們這裡進攻。但他看都沒看就隨手把信塞進口袋，直到牌打完才拿出來看。結果，等到他倉促地集結部隊，便為時已晚，以至全軍覆沒。僅僅幾分鐘的耽擱就使他喪失了尊嚴、自由和生命！

　　成功有一對相貌平平的雙親 —— 守時與精確。每個人的

成功故事可能都取決於某個關鍵時刻的表現，這個時刻一旦表現出猶豫不決或退縮不前，機遇就會失之交臂，再也不會重新出現。

英國社會改革家喬治・羅斯金（John Ruskin）說：「從根本上說，人生的整個青年階段是一個人個性成型、沉思默想和希望受到指點的階段。青年階段無時無刻不受到命運的擺布——某個時刻一旦過去，指定的工作就永遠無法完成，或者說如果沒有趁熱打鐵，某種任務也許永遠都無法完成。」

有句家喻戶曉的俗語應該成為我們的格言，那就是：任何時候都能做的事往往永遠都不會有時間去做。與其費盡心思把今天能完成的任務拖到明天，還不如在今天就想辦法把工作做完。而任務拖得越後就越難完成，做事的態度也就越勉強。在心情愉快或熱情高漲時可以完成的工作，延遲幾天或幾星期後，就會變成苦不堪言的負擔。

當機立斷常常可以避免做事的乏味和無趣。拖延則通常意味著逃避，結果往往就是不了了之。做事就像春天播種一樣，如果沒有及時播下種子，以後就沒有合適的播種時機了。無論夏天有多長，都無法完成在春天時耽擱的事。人造衛星的運轉指令即使僅僅晚了一秒發出，也會使整個衛星運行陷入混亂，後果不可收拾。

美國著名的管理學顧問柯維（Stephen Covey）在紐約講課

時，曾問一個班的學生，有沒有去過尼加拉瀑布旅行。令他意外的是，搖頭者竟占了相當高的比例。他們的道理也很簡單：「因為很近，心想反正什麼時候都能去，所以就一直拖了下來。」妙的是，那些學生多半去過需要幾天車程的佛羅里達或更遠的夏威夷。

這就是「拖」的一種表現。拖時間的人不一定沒有時間，可能反而時間很充裕；欠債的人常在手頭有錢時拖著不還，直到沒錢為止；拖延不回信給朋友的人也可能總是把信放在桌上，天天都想回，卻一拖就是幾個月。

你會發現，愛遲到的人似乎總是遲到。遠程的約會他要遲到；在他家旁邊碰面，他可能還是遲到；連你早早到他家坐在客廳裡等他，只見他東摸摸、西摸摸，到頭來仍然無法準時出發。原因是什麼呢？難道是心理有毛病嗎？

其實，他們的心理不是有毛病，卻可能總是心想：

「不急嘛！時間還很多！」

「不急嘛！還有些時間！」

「不急嘛！大概正好趕得上！」

「不急嘛！如果運氣好，還不會遲到太多！」

「不急嘛！別人也不可能準時！」

最後則是：「不急嘛！反正已經遲了！」

問題是，他這一拖就不知要拖去別人多少時間，更失去了

多少寶貴的光陰和成功的機會。現在你應該知道拖延的害處了，那麼，請馬上改掉這個陋習。是的，是馬上而不是從明天開始 ── 因為「從明天開始」就是一種拖延！

# 第四章
# 沒有機會怎麼辦

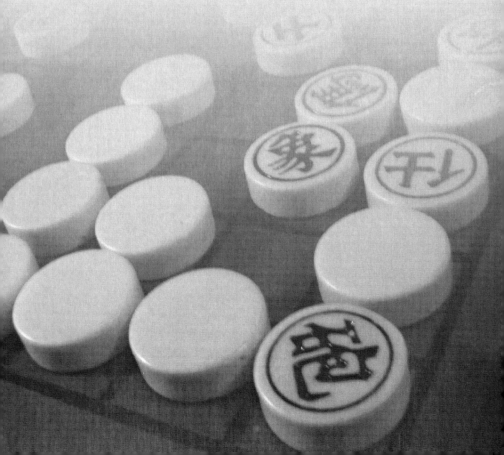

　　你是不是老在埋怨這世界對你不公平，沒有給你足夠的機會，沒有給個伯樂，自己才會在平庸中徒勞掙扎？

　　機會並不存在外界，它就存在你自己身上，你就是機會。常言道：「有機會就抓住機會，沒機會就創造機會。」在某種程度上，我們是可以自己創造機會的。當然，這說來容易，做起來是有一定難度的。

其實地上本沒有路，走的人多了，也便成了路。 —— 魯迅

宿命論是那些缺乏意志力的弱者的藉口。 —— 法國作家羅曼·羅蘭

誰成了哪一行的頂尖人士，誰就能走運，因此，不管哪一行，我只要成了頂尖人士，就一定會走運，機會自然會到來，而機會一來，我憑著本領就能一帆風順。 —— 法國思想家讓·雅各·盧梭

如果錯過了太陽時你流淚了，那麼你也要錯過群星了。 —— 印度詩人泰戈爾

## 毛遂自薦要求機會

　　公元前 258 年，秦軍包圍趙國國都邯鄲。趙王派平原君出使楚國，希望與楚聯盟抗秦。平原君準備帶領 20 名精明強幹、文武兼備的門客跟隨。他精心挑選一番，只選出了 19 名就再也選不出合適的人了。這時門客中有個叫毛遂的走上前來，向平原君自我推薦說：「我聽說您將要出使楚國，準備帶家中門客 20 人，現在還缺一人，希望您就把我當成其中一員吧。」

　　平原君說：「先生到我的門下幾年了？」

毛遂說：「已經三年了。」

平原君說：「有才能的人在處世上，就像一把錐子放在口袋裡一樣，那鋒利的錐尖很快就會透出來。如今先生在我的門下住了三年，可左右的人沒有稱頌你的，我趙勝也沒聽過你呀。這似乎顯示你沒有什麼才能，先生還是留在家裡吧。」

毛遂說：「我只是今天才請你把我裝進口袋裡罷了。假如早一點把我這支錐子放進口袋，早就脫穎而出了，難道會只露出一點鋒芒嗎？」

平原君覺得毛遂的話有些道理，便抱著姑且一試的心理答應帶毛遂與其他 19 人同去楚國。

到了楚國，平原君和楚王在朝堂上談論合縱抗秦大事，毛遂等人在臺階下等候。他們從早晨一直談到中午，竟毫無結果。其他門客對毛遂說：「先生你上去談談吧。」毛遂拿著寶劍，沿著石級，一步步走上去，對平原君說：「合縱的利害關係明明白白，兩句話就可說完，可是今天從太陽出來開始討論，直到中午還沒有結果，這是為什麼呢？」

楚莊王問平原君：「這人是幹什麼的？」平原君說：「是我的門客。」楚王喝斥道：「還不給我退下，我正在同你的主人說話，你來幹什麼？」毛遂按劍上前說：「大王竟敢如此喝斥我毛遂，憑的是楚國人多嗎？眼下，十步之內，大王無法依仗人多勢眾，大王的性命就懸在我手中。我的主人在眼前，你喝斥

# ▶▶▶▶ 第四章　沒有機會怎麼辦

我幹什麼呢？況且，我聽說商湯憑方圓七十里的土地就可在天下爭王，周文王憑方圓百里的地盤，就使諸侯歸附稱臣，難道憑的僅是他們兵多嗎？現在楚國有方圓五千里的土地，拿著兵器的將士亦有百萬，這是你稱霸的好資本，天下誰能抵擋呢？然而，事實上楚國卻連連受辱。只不過是秦國一個末將，率領幾萬人馬就敢起兵與楚作戰。第一戰就拿下你的鄢、郢，第二仗就燒毀了你的夷陵，第三仗汙辱了大王的宗廟，這是世世代代的怨恨，連趙國對此都感到羞恥，但是大王卻淡忘了這刻骨仇恨。合縱之事，主要為的是楚國，而不是趙國啊！你還有什麼拿不定主意的呢？」

楚王被說服了，當場表示：「是的，的確像先生所說，為保全我楚國的江山社稷，我們參加抗秦。」毛遂問：「大王決定了嗎？」楚王說：「決定了。」毛遂對左右官員說：「請把狗、雞、馬的血拿上來。」毛遂捧著盛血的銅盆跪著獻給楚王說：「那就請大王和我的主人平原君歃血盟誓吧。」就這樣，楚趙聯合抗秦的盟約被毛遂一番遊說給確定了。可見，毛遂自薦還是因為他為自己創造了機會，才能顯露他的鋒芒。

沒有上場的機會，你難道只知等待，就沒想過爭取嗎？求賢若渴與懷才不遇從古至今都是相伴相生。哪怕在資訊極其發達的今天，還是有不少人才找不到合適的位置，而同時有些位置又找不到理想的人才。

　　在美國，有位窮困潦倒的年輕人，身上全部的錢加起來也不夠買件像樣的西裝。他父親是個賭徒，母親是個酒鬼。他從小在家庭暴力中長大，學業一無所成，成了街頭的混混。直到他 20 歲時，一件偶然的事刺激了他，使他下定決心走一條與父親迥然不同的路，活出個人樣來。他想做演員，拍電影，當明星。「一定要成功」的驅動力促使他認為，這是他今生今世唯一可以出頭的機會，在成功之前，絕不放棄！

　　當時，好萊塢共有 500 家電影公司，他逐一數過，並且不止一遍。後來，他根據自己認真規劃的路線與排好的名單順序，帶著為自己量身定做的劇本前去拜訪。但第一遍下來，這 500 家電影公司竟然沒有一家願意用他。

　　面對撲面而來的拒絕，這位年輕人沒有灰心，他相信每一次拒絕都是一次學習，一次進步。從最後一家被拒絕的電影公司出來後，他又從第一家開始，繼續第二輪拜訪與自我推薦。

　　在第二輪拜訪中，500 家電影公司依然拒絕了他。

　　第三輪的拜訪結果仍與第二輪相同。這位年輕人咬牙開始第四輪拜訪，當拜訪完第 349 家後，第 350 家電影公司的老闆破天荒地答應願意讓他留下劇本先看一看。

　　幾天後，年輕人獲得通知，可以前去詳談。

　　就在這次商談中，這家公司決定投資開拍這部電影，並請這位年輕人擔任自己所寫劇本的男主角。為了那一刻，他已經

做了足夠的準備，終於可以一試身手，完全有信心做好一切。機會來之不易，他自然拚盡全力，全身心地投入其中。

這部電影名叫《洛基》。

這位年輕人的名字就叫席維斯・史特龍。現在翻開電影史，這部叫《洛基》的電影與這個日後紅遍全世界的巨星皆榜上有名。

不要坐等伯樂上門，你若是千里馬，就拿出毛遂自薦的勇氣。不管是伯樂找到千里馬，還是千里馬找到伯樂，對於雙方都是幸事。

## 勇敢邁出眾人行列

如何識別有才幹、有潛力、能委以重任的人？對此，美國的一位金融家史蒂芬曾經指出：「假定這裡有 10,000 名士兵，均呈『一』字形站在他們的司令官面前，司令官對待他們一視同仁，一起訓導和培育。然而，更能引起司令官注意的是某些能夠走出行列的人，也許這些人會成為他今後選拔、晉升的對象。」他還說，「我十分重視發現一些能從銀行職員隊伍中向前邁出的人，只要他們能自動將自己的能力和勇敢的精神結合起來，做些不是在我指揮之下而又能獲得成功的事，我就會晉升他們。」

如何邁出眾人的行列呢？如果你有一門很獨特的專長，不

妨在這上面大做文章。當然，這一招應該是對方所需或有可能需要的。突顯自己的優勢專長，你才能與眾不同。

如果你正為自己在工作中缺少表演的機會而鬱悶，或者因為總是扮演一些無足輕重的小角色而心有不甘，請你想法找找自己有哪些專長？快找出來運用到你的工作中。如果你對自己還沒有完全的把握，不妨先問自己兩個問題：從小到大我做什麼事情是最出色的？我的事業發展今後最需要哪些能力？從這兩個問題出發，去培養自己的專長。只有自己變強後，才可能把自己做大。

當那些與你類似的「小人物」遲疑、退縮時，你應該信心十足地說：「我可以表達自己的想法嗎？」「讓我試試吧！」「我相信我能做好！」如果對自己的能力還沒有信心，那就建議你什麼都別說，埋頭苦練去吧。

值得注意的是，你要小心不要將「邁出」變成「賣弄」。「邁出」的應該是結實的步伐，「賣弄」的則是輕飄飄的花拳繡腿。很多草根之所以能在短期內從草根提升為「名人」，原因就在能吸引他人注意。更重要的是，他每時每刻都在思索，即使再小的事也在思考如何能做得盡善盡美；他們從不張揚地誇耀自己，只是努力尋找自己能幫上忙的事去做 —— 不管是分內還是分外。這類人往往會得到社會的青睞和提拔。

自由經濟的特色之一是商品極為豐富，選擇的空間很大。

與之對應的是，在人才市場上，類似自由經濟的跡象也日趨明顯。你雖有本事，但有本事的人很多，你必須學會積極主動地推銷自己。要讓別人了解你、接受你、欣賞你、購買你。否則，就會像那些質量雖好但營銷不力的商品一樣，在貨架上被冷落蒙塵，甚至強行下架。

## 有時候你必須等待

　　有時候，在機會面前，我們必須等待其成熟，不能操之過急。戰國時安陵君在獲取封號前，只是楚王身邊的一個寵臣。一個叫江乙的門客勸安陵君找個機會向楚王示忠，以獲得更穩固的政治地位，以保自己來日的富貴。安陵君問如何示忠，江乙獻計：「您務必要向楚王表忠，請求能隨他而死，親自為他殉葬，這樣，您在楚國必能長期受到尊重。」安陵君答應了。

　　安陵君口頭上是答應了，但整整三年沒有實行。門客江乙看了很焦急，對安陵君說：「我和您說過要向楚王表忠的事，您也應承了，直到現在您還沒有行動，看來我只有離開這個危機四伏的地方了。」安陵君勸其留下並說：「我何嘗不想表忠呢？但沒找到合適的機會啊。」

　　安陵君在苦等機會中度日如年。一次，楚王外出遊獵，安陵君有幸隨游。一路上車馬成群結隊，絡繹不絕，五色旌旗遮蔽天日。忽然一頭野牛像發了狂似地朝車輪橫衝直撞過來，

楚王拉弓搭箭，一箭便射死了野牛。楚王隨手拔起一根旗杆，按住野牛的頭，仰天大笑說：「今天的遊獵，寡人實在太高興了！待我百年之後，又有誰能與我一道享受這種快樂呢？」安陵君聽後，立刻感覺到機會來了，於是淚流滿面地走上前對楚王說：「我在宮中有幸和大王席地而坐，出外和大王同車而乘，大王百年之後，我願隨從而死，在黃泉之下也做大王的褥草以阻螻蟻，又有什麼能比這更快樂呢！」

安陵君的這次表忠，看不出任何做作、謀劃的痕跡，水到渠成，真誠自然。果然，處於狂喜與惆悵中的楚王聽了非常感動，回宮後正式封他為安陵君，讓他有了自己的封地。安陵君能為一個時機而等待三年，漫長的等待需要耐心、勇氣與毅力，找不到時機，絕不出手。正是這種嚴格的時機掌握，才有了他「三年不鳴，一鳴驚人」的奇絕效果。

像一隻老練的貓，蹲伏在牆角，只等老鼠將身子完全曝露，就一躍而起，用鋒利的爪子死死按住老鼠，緊接著一口咬在脖子上。等待機會需要耐心，任何提前的出手，都很可能功虧一簣。

## 等待機會不是坐等

等待機會不是叫你消極地坐等，而是尋找一種積極的等待方式，將有利於在機會來臨時更有力地去抓住。那就是 —— 隨時為了能抓住機會而充實自己！

## ▶ ▶ ▶ ▶ 第四章　沒有機會怎麼辦

　　我們知道，抓住機會是講究實力的。沒有足夠的實力，就算機會來臨你也抓不住。

　　國外有個著名的成功學家叫拿破崙・希爾。他用了 20 年時間，深入調查全美 504 位鼎鼎大名的成功人士，得出的結論之一是：在那些外人看似一夜成名的背後，凝聚的是當事人長期默默的努力與堅守。這就好比戰士未上戰場前，從不放鬆對自己的嚴格訓練；只等戰鬥來臨，他們就能迅速進入角色並得到良好的戰績。

　　被喻為「臺灣第一打工王」、「臺灣億萬富翁」的臺灣川惠集團總裁劉延林說：「機遇，對每個人來說應該是平等的，但為什麼有人捕捉不到，有人捕捉得到呢？關鍵在於：你是不是累積了捕捉機遇的本領。就像狩獵，等了很久很久，獵物來了，你卻放空槍，便只能眼睜睜看著獵物消失。捕捉獵物的本領，就是平時厚積薄發的本領。同樣是發現機遇，有的人能夠牢牢抓住，有的人卻眼睜睜看著機遇溜走，全在於平時有無累積。」

　　機會只偏愛那些準備最充分的人。換句話說，只有在「萬事俱備」的情況下，東風才顯得珍貴和具有價值。

　　現在你不妨想一想：你現在正等一個什麼樣的機會？或者說你希望出現一個什麼樣的機會？當這機會出現，你若要穩穩抓住，還需要提升哪些能力、增加哪些資源？

　　你可以為夢想中的機會所需的支持列個清單，一項一項去努力改善與進步。你要做到萬事俱備，只欠機會的「東風」。

　　最善戰的士兵在上戰場前，總是日復一日苦練作戰本領。我們在等待機會時，也要努力提升自己。

## 機會是能夠創造的

　　拿破崙雖然出身於科西嘉貴族，但只是徒有其名，家境其實貧困不堪。在少年時，拿破崙的父親把他送進一所貴族學校，以便接受更好的教育。在這所貴族學校裡，到處晃蕩的公子哥兒們喜歡互相比較與誇耀誰家富有，瞧不起那些窮苦的同學。這種對弱者的鄙視，雖然引起拿破崙的憤怒，但他只能忍受。

　　後來他實在受不了，就寫信給父親說：「為了忍受這些外國孩子的嘲笑，我實在疲於解釋我的貧困了，他們唯一優於我的便是金錢，至於說到高尚的思想，他們是遠在我之下的。難道我應當在這些富有高傲的人之下繼續謙卑嗎？」

　　「我們沒有錢，但你必須在那裡讀書。」這是他父親的回答，因此他忍受 5 年的痛苦。但是每一次嘲笑，每一次欺侮，每一次輕視的態度，都更加強他的決心，發誓要做出一番成就。

　　等他到了部隊時，拿破崙矮小的身材、瘦弱的體格，注定在部隊依然只能默默活在底層。他唯有埋頭讀書，去努力和別

87

人競爭。在部隊裡，他面無血色，孤寂，沉悶，但他卻不停讀書。他想像自己是個總司令，畫出科西嘉島的地圖，地圖上清楚指出哪些地方應當布置防範，這是用數學精確計算出來的。因此，他的數學才能得到提升，這使他第一次有機會表現出自己能做什麼。

終於，長官看見拿破崙的學問很好，給了他一個機會：在操練場上執行一些任務，這需要極複雜的計算能力。他漂亮地完成任務，於是又獲得新的機會……就這樣，他一個臺階一個臺階地往上走，直到走上舉世聞名的法國皇帝寶座。

而那些從前嘲笑他的人，隨著他的步步高升又逐漸擁到他面前，想分享一點他所得到的獎賞；從前輕視他的人，都以身為他的朋友為榮；從前揶揄他是矮小、沒用、死用功的人，現在也都改為尊敬他、崇拜他。

從一個落魄貴族的子弟到法國皇帝，其中需要多少機會的橋梁！這些機會絕對不是從天上掉下來的，而是他不斷努力創造出來的。他確實聰明，他也確實肯下工夫，還有一種力量與知識或努力同樣重要，就是他那種「卒子過河」的野心。

機會不僅在於你沒機會時的持續努力，還在於你處心積慮的策劃。機會是可以創造的。漢武帝即位後，在全國徵請有才幹的人，東方朔得到選拔錄用。漢武帝命他當公車署待詔，職位很低，俸祿也微薄。東方朔很想接近漢武帝，顯示出自己的

才華以期受到重用，於是他策劃了一個巧妙的計策。

一天，東方朔哄騙宮中看馬的侏儒，對他們說：「你們一不能種好地，二不能赴疆場征戰，三不能為國家出謀獻策，留你們這些人只能是白白浪費糧食，又有什麼用處呢？所以皇帝決定要殺掉你們。」

侏儒們聽完東方朔的話，個個嚇得面色如土，全都哭了起來。東方朔勸他們不要哭，應該想些辦法。這些侏儒都用渴望的目光看著東方朔說：「大人能有什麼辦法救我們不死嗎？」東方朔教唆他們說：「皇上就要從這裡經過了，你們何不叩頭請罪，以求赦免呢。」

沒過多久，皇帝果然前呼後擁地經過這裡，侏儒們急忙跪在地上對著皇上痛哭。皇上令手下人問原因，侏儒們回答：「東方朔告訴我們，說皇上認為我們活在世上是無用之人，要將我們全部殺掉。」

皇上聽後勃然大怒，生氣東方朔如此膽大妄為，散布謠言，當即令人傳見東方朔，責問道：「你為什麼造朕的謠言，該當何罪？」

東方朔終於有了面見皇帝的機會，他毫無懼色地說：「我活也要說，死也要說。侏儒身高三尺，俸祿是一袋粟，錢是二百四十；臣東方朔身長九尺多，俸祿也是一袋粟，錢也是二百四十。侏儒吃得飽飽的，而我卻餓得要命。如果臣東方

朔說的都是實理，請用厚禮待我；如不可採納，請皇上准我回家，以免白吃長安的米。」

漢武帝聽後哈哈大笑，明白了事情的來龍去脈，遂赦免東方朔的死罪。不久，東方朔被任命為金馬門待詔，得到皇帝的重用。

東方朔這招死裡求生的上位術，真是用得驚心動魄。想必他若沒有吃定漢武帝胸懷求賢之心、大度之心，絕對不會貿然行此招的。因此，我們在創造機會前，應該對整件事做個評估，小心機會變成危機。就上面的案例來說，要是皇帝昏庸，不問三七二十一將東方朔處死的可能性就極高了。

所以，在現實生活中，我們不要成天哀嘆沒有實現自我價值的機會。一個真正有能力的人，不是單純依靠等待機會來顯露能力，反而是用能力來創造機會，再用能力來把握機會的。

弱者坐失機會，強者創造機會。「沒有機會」，這是弱者最好的說辭。與其成天抱怨沒有機會，不如將精力花在創造機會上。

## 看卡諾瓦的成才之路

安東尼奧・卡諾瓦（Antonio Canova）是傑出的雕塑家，新古典主義雕刻的代表人物。卡諾瓦的傳世名作包括陳列在梵蒂岡的〈柏修斯提著美杜莎的頭〉、〈丘比特與賽姬〉，還有在彼

得堡的〈美惠三女神〉。

　　安東尼奧・卡諾瓦是義大利人，於 1757 年出生在波薩尼奧的一個貧困家庭。美國紀實小說家喬治・埃格爾斯頓（George Eggleston）曾講述這樣一個故事：一天，在西格諾・法列羅的府邸正要舉行一場盛大的宴會，主人邀請了一大批客人。就在宴會開始前，負責布置餐桌上的點心製作的人說，桌上的那件大型甜點飾品不小心被弄壞了，管家急得團團轉。

　　正在這時，一個小孩子走上前來，對管家說：「如果您能讓我試試，我想我能解決這個問題。」這個小孩是西格諾府邸廚房裡一個幹粗活僕人的幫工。「你？」管家很驚訝，「你是什麼人，竟敢這樣說話？」「我叫安東尼奧・卡諾瓦，是雕塑家皮薩諾的孫子。」這個充滿自信的孩子答道。

　　「小傢伙，你真的能做嗎？」管家半信半疑地問道。「是的，我可以造一件東西放在餐桌中央，如果您允許我試試的話。」小孩子開始顯得鎮定點了。這時，僕人都已慌得手足無措。管家只得死馬當活馬醫，答應讓卡諾瓦去試一試，他則在一旁緊緊盯著這個孩子，注視著他的一舉一動，生怕他把事情弄得更糟。這個廚房的小幫工不慌不忙地端來一盤奶油。不一會兒工夫，不起眼的奶油在他手中變成一隻蹲踞的巨獅。管家喜出望外，驚訝地張大了嘴，連忙派人把這奶油塑成的獅子擺到桌上。

## ▶ ▶ ▶ ▶ 第四章　沒有機會怎麼辦

　　晚宴開始，客人陸陸續續被引到餐廳裡。這些客人當中，有威尼斯最著名的實業家，有高貴的王子，有傲慢的王公貴族，還有眼光挑剔的藝術家。但當客人一眼望見餐桌上臥著的奶油獅子時，都不禁異口同聲地稱讚起來，一致認為這真是件天才的作品。他們在獅子面前不忍離去，甚至忘了自己來此的真正目的。結果，整個宴會變成了奶油獅子的鑑賞會。客人情不自禁地細細欣賞著獅子，不斷地問西格諾·法列羅，究竟是哪位偉大的雕塑家竟然肯將自己天才的藝術浪費在這樣一種很快就會融化的東西上。法列羅也愣住了，他當即喊管家過來問話，於是管家就把小卡諾瓦帶到客人面前。

　　當這些尊貴的客人得知，這精美絕倫的奶油獅子竟是這個地位低微的小孩在倉促間完成的，不禁大為驚訝，整個宴會立刻變成對這個小孩的表揚會。富有的主人當即宣布，將由他出資為小孩請最好的老師，讓他的雕塑天賦能充分發揮。

　　西格諾·法列羅果然沒有食言，卡諾瓦也沒被眼前的寵幸沖昏頭，他依舊是個淳樸、熱切而又誠實的孩子，孜孜不倦地刻苦努力，他希望自己真的成為一名優秀的雕塑家。也許很多人並不知道卡諾瓦成才路上這個至關重要的小插曲，但很少有人不知道雕塑家卡諾瓦的大名。

　　在卡諾瓦的成才之路上，如果沒有西格諾·法列羅的鼎力資助，他能否成為傑出的雕塑家還真要打個問號。好在卡諾瓦

在無意中抓住這樣一個普通的機會，展示了自己的才華，又剛好一頭碰上一個愛才如命的主人，於是後來的一切變得那麼美好。

珍惜身邊的微小機會，或許，這個機會就是你嶄露頭角的機會。

厚積方能薄發。給我一個舞臺，還你十分精彩！抓住一個機會，鯉魚就能跳過龍門。

## ▶▶▶▶ 第四章　沒有機會怎麼辦

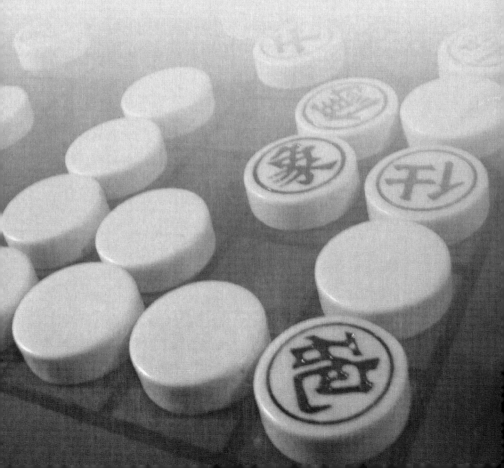

# 第五章

# 日拱一卒，功不唐捐

## ▶▶▶▶ 第五章　日拱一卒，功不唐捐

據說，世界上只有兩種動物能登上金字塔頂，一種是老鷹，一種是蝸牛。牠們是如此不同，老鷹矯健、敏捷；蝸牛弱小、遲鈍，可是蝸牛仍然與老鷹一樣能夠到達金字塔頂端，牠憑的就是永不停息的執著精神！

「日拱一卒」的大意是：每天像個卒子一樣前進一點點。「功不唐捐」是佛經裡的話，「唐捐」的意思是白費了，泡湯了，而「功不唐捐」是指努力絕不白費，絕不泡湯！

要想有水滴石穿的威力，就必須有連綿不斷的毅力。一個人的努力，可能在你看不見想不到的時候，會在看不見想不到的地方生根發芽，開花結果。

合抱之木，生於毫末；九層之臺，起於累土；千里之行，始於足下。 —— 老子

茍有恆，何必三更起五更眠；最無益，莫過一日曝十日寒。 —— 明代理學家胡居仁

古之立大事者，不唯有超世之才，亦必有堅忍不拔之志。 —— 蘇軾

要從容地著手去做一件事，但一旦開始，就要堅持到底。 ——「古希臘七賢」畢阿斯

### 每天都要進步一點點

在 1950 年代，日本生產的各種商品急需擺脫劣質的國際惡名，多次請美國的企業管理大師開藥方。美國著名的品質管

理大師戴明博士（W. Edwards Deming）就多次到日本松下、新力、本田等企業考察傳經，他開出的方子非常簡單——「每天進步一點點」。日本的這些企業按照這個要求去做，果然不久就取得了品質的長足進步，使當時的「東洋貨」很快獨步天下。現在日本先進企業評比，最高榮譽獎仍是「戴明博士獎」。如果你期冀成才，渴望成功，用心體味戴明博士的方法肯定會受益終生。

每天進步一點點，聽起來好像沒有沖天的氣魄，沒有誘人的碩果，沒有轟動的聲勢，可細細思索一下：每天進步一點點，那簡直又是在默默地創造一個料想不到的奇蹟，在不動聲色中醞釀一個真實感人的神話。

法國的一個童話故事中有一道小智力題：荷塘裡有一片荷葉，它每天會增長一倍。假使 30 天會長滿整個荷塘，請問第 28 天，荷塘裡有多少荷葉？答案要從後往前推，即有四分之一荷塘的荷葉。這時，假使你站在荷塘的對岸，你會發現荷葉是那樣的少，似乎只有那麼一點點，但是，第 29 天就會占滿一半，第 30 天就會長滿整個荷塘。

正像荷葉長滿荷塘的整個過程，荷葉每天變化的速度都是一樣的，可是前面花了漫長的 28 天，我們能看到的荷葉都只有那一個小小的角落。在追求成功的過程中，即使我們每天都在進步，然而，前面那漫長的「28 天」因無法讓人「享受」到

# ▶▶▶▶ 第五章　日拱一卒，功不唐捐

結果，常常令人難以忍受。人們常常只對「第 29 天」的曙光與「第 30 天」的結果感興趣，卻忽略了「28 天」細微的進步、努力與堅持。

聚沙成塔，集腋成裘。大廈是由一磚一瓦堆砌而成的，比賽是由一分一分贏得的。每一個重大的成就，都是由一系列小成績累計而成。如果我們留心那些貌似一鳴驚人者的人生，就會發現他們的「驚人」之處並非一時的神來之筆，而是緣於事先長時間的、一點一滴的努力與進步。成功是能量聚積到臨界程度後自然爆發的結果，絕非一朝一夕之功。一個人眼界的拓展，學識的提高，能力的長進，良好習慣的形成，工作成績的取得，都是一個持續努力、逐步累積的過程，是「每天進步一點點」的總和。

每天進步一點點，貴在每天，難在堅持。「逆水行舟用力撐，一篙鬆勁退千尋」。要「每天進步一點點」，就要耐得住寂寞，不因收穫不大而心浮氣躁，不為目標尚遠而情疑動搖，而應具有持之以恆的韌勁；就要頂得住壓力，不因面臨障礙而畏懼退縮，不為遇到挫折而垂頭喪氣，而應具有攻堅克難的勇氣；還要扛得住干擾，不因燈紅酒綠而分心恍神，不為冷嘲熱諷而猶豫停頓，而應有專心致志的定力。

洛杉磯湖人隊的前教練派特・萊利（Pat Riley）在湖人隊最低潮時，告訴 12 名隊員說：「今年我們只要求每人比去年進步

1% 就好，有沒有問題？」球員一聽：「才 1%，太容易了！」於是，在罰球、搶籃板、助攻、抄截、防守一共五方面每個人都有所進步，結果那年湖人隊居然得了冠軍，而且是最容易的一年。

不積跬步，無以至千里。讓自己每天進步 1%，只要你每天進步 1%，你就不必擔心自己不快速成長。

在每晚臨睡前，不妨自我反思一下：今天我學到了什麼？我有什麼做錯的事？有什麼做對的事？假如明天要得到理想中的結果，有哪些錯絕對不能再犯？

反思完這些問題，你就會比昨天進步 1%。無止境的進步，就是你人生不斷卓越的基礎。

你在人生中的各方面也應該照這個方法去做，持續不斷地每天進步 1%，長期下來，你一定會有個高品質的人生。

不用一次大幅進步，一點點就夠了。不要小看這一點點，每天小小的改變，累積下來就會有大大的不同。而很多人在一生當中，連這一點進步都不一定做得到。人生的差別就在這一點點之間，如果你每天比別人差一點點，幾年下來，就會差一大截。

如果你將這個信念用於自我成長上，100% 的會有 180 度的大轉變，除非你不去做。

不積跬步，無以至千里。人生恰恰就像走在一條長長的馬拉松跑道上，只有一步一步地向前，總能達到終點。

## 不妨找個榜樣來緊跟

　　長跑選手在比賽時都會在接近終點前跟住某位對手，在最後衝刺的適當時機再超越他！

　　為什麼要這麼做呢？

　　長跑，尤其是馬拉松比賽，是體力與意志力的比賽，而意志力的重要勝過體力，有不少人就因意志力不足，在體力尚可堅持時退出比賽；也有人本來領先，卻在不知不覺間慢了下來，被後面的選手趕上。跟住某位對手就是為了避免這種情形的產生，主要是把對手當作參照目標來激勵自己：別慢下來！也提醒自己別衝得太快，以免力氣提早用盡！另外，這樣做也有消除孤單感的作用。你如果觀察馬拉松比賽，便可發現這種情形：先是形成一個小集團，然後再分散成兩人或三人的小組，過了中點後，才會慢慢出現領先的個人。

　　我們人的一生其實也是一段「長跑」。既是「長跑」，那麼也可學習長跑選手的做法，跟住身邊的某個人，把他當成你要追上並超越的目標。不過，你要找的「對手」應該是有條件的，而不是胡亂找的。

　　你要找的目標一定要選無論成就或能力都比你好的，換句話說，就是目前「跑」在你前面的人，是你的榜樣。不過，你也不能找跑在前面太遠的人，因為你們之間的距離太遠，這會讓你跑得很辛苦，卻看不到一絲成功的希望，從而令疲憊的你

產生挫折感。例如，你只是個普通員工，一個月賺個 3,000 元，你卻要把比爾蓋茲當目標追趕，還不如拿你的上司當目標呢。

「對手」找到之後，你要進行分析，看他的本事到底在哪裡？他的成就是怎麼得來的？平常他為人處世的方法，包括人際關係的處理和經營能力的大小等等，都要有所了解。你可以學習他的方法，截長補短，相信成績很快就會出現 —— 你先慢慢地和他並駕齊驅，然後再超越他，

等超越了你的「對手」，你可以再跟住另一個更高的「對手」，並且再次超越他！

不過你得正視一個事實，跟住一個對手，並不一定馬上就能超越他，可能你才跟上，他幾個大步就又把你甩在後頭！做事也是如此，好不容易接近了對手，他又把你拋在後面了。不過別灰心，因為這種事誰都難免碰到。碰到這種情形，如果能跟上去，當然還是要跟上去；如果跟不住，那只是個人條件的問題，勉強跟上，只會提早耗盡體力。你可能會想，這不是白跟了嗎？並沒有白跟！因為你「跟住對手」的決心和努力，已經讓你在這「跟跑」的過程中激發出自己的潛能和意志力，比無對手可跟的時候要進步得更多、更快。而經過這一段「跟跑」的操練，你的意志肯定會受到磨練，也能驗證成果，這種經驗將是你一輩子受用的本錢。

當然也有可能你找到了對手，但就是一直超不過去，甚至還被後面的人一個個超越過去。這實在令人難堪。碰到這種

情形，我要說的是 —— 馬拉松比賽講求運動精神，跑到終點比名次更重要；人生也如此，努力比成就更重要！只要你盡力了，不愧對自己，你的人生就已經很豐富多彩了，雖不能認為自己已很輝煌，但那也就可以了。如果半途退出，失去奮勇向前的意志，這才是人最悲哀的一件事！

榜樣不是偶像，榜樣是你心靈的導師，行動的路標。榜樣還是一種承諾與誓言：我將成為他，甚至超越他。

## 因為堅信，所以堅持

日拱一卒，似乎並不難，但很多人就是做不到。比方說，你每天計劃花 10 分鐘看書，本沒有什麼困難，但要一年 365 日天天如此，就有很多人做不到。我們常常為那些經歷九九八十一難、終於修成正果的人而驚嘆。當一個又一個難關擺在面前，需要相當大的毅力才能堅持走下去。

一個人能堅持到執著的程度，堅持到在磨難與非議中義無反顧，其心中的強大支柱來自於自己對目的、目標一定能實現的堅信。因為堅信自己選擇的路沒有錯，所以才能風雨無阻。

今天很殘酷的，明天更殘酷，後天很美好。絕大部分的人都是在明天晚上死掉的，見不到後天的太陽。所以對我們這些人來說，如果你希望成功，那就每天都要非常努力，活好今天你才能過到明天，過了明天你才能見到後天的太陽。

## 當風言風語撲面而來

卒子要過河，在有些人眼裡無疑與「癩蛤蟆想吃天鵝肉」差不多，都是不自量力，痴人說夢。一個人打擊你，或許沒有什麼；十個人打擊你，有點動搖了吧；百個人打擊你呢？

別人勸阻或譏笑你去尋夢，也並非是想加害於你。相反，絕大多數人還是出於善意，也有人打著各種好聽的旗號，「相信我，你走的那條路行不通，別浪費自己的精力了」，他們會這麼說。

有一則寓言，說的是一群動物舉辦了一場攀爬艾菲爾鐵塔的比賽，看誰先爬上塔頂誰就獲勝。很多善於攀爬的動物都參加了比賽，更多的動物則是圍著鐵塔看比賽，為牠們加油。身為比賽的裁判，老鷹早早地飛上塔頂。比賽開始了，所有動物沒有誰相信參賽者能夠到達塔頂，牠們都在議論：「這太難了！牠們一定到不了塔頂！」聽到這些，一隻又一隻參賽動物開始洩氣了，除了情緒高漲的幾隻還在往上爬。下面的動物繼續喊著：「這個塔太高了！沒有誰能爬到塔頂的！」越來越多動物累壞了，退出了比賽，只剩一隻蝸牛還在越爬越高，一點沒有放棄的意思。

最後，那隻蝸牛費了很長的時間，終於成為唯一到達塔頂的勝利者。奪冠的蝸牛下來後，得到很多掌聲。有隻小猴子跑上前去，問蝸牛哪來那麼大的毅力爬完全程。誰知蝸牛一問三

不知 —— 原來，這隻蝸牛是個聾子。

　　這個寓言要表達的意思是：不要輕易讓別人的指指點點妨礙了自己的腳步。根據研究，很多白手起家的成功者都有一種有趣的「免疫系統」—— 很強的心理承受能力。他們有種挫敗惡意批評者過激言論的能力，這種心理盔甲使這些成功者總是漠視各種批評者和權威人物的負面評價。甚至有些白手起家的成功者說，某些權威人物所做的詆毀評價，對於他們最後取得成功發揮了一定的作用 —— 錘煉鑄就了他們所需要的抵抗批評的抗體，堅定了他們的決心。

　　誰更能經得住各種各樣的負面評價，並且厚著臉皮不斷堅持自己既定的目標呢？這些成功者就能做到，他們總是能抵制那些對他們的未來指指點點的批評者的絮叨。對他們來說，找到一個明智而有效的問題解決方法只是時間和努力的問題。

　　無論一個人有多聰明，如果沒有堅韌不拔的特質，就無法在與困難搏擊的快樂中脫穎而出，他就不會成功。許多人本可成為傑出的音樂家、藝術家、教師、律師或醫生，但就是因為缺乏這種傑出的特質，最後一事無成。

　　堅韌的人從不會停下來衡量自己到底能不能成功。他唯一要考慮的問題就是如何前進，如何走得更遠，如何接近目標，無論途中有高山、有河流還是有沼澤，他都會去攀登、去穿越，而所有其他方面的考慮，都是為了實現這個終極目標。對

於一個不畏艱難、一往無前、勇於承擔責任的人，人們知道反對他、打擊他都是徒勞的。

　　很多白手起家的百萬富翁都有一種有趣的「免疫系統」──很強的心理承受能力。他們有一種挫敗惡意批評者過激言論的能力。這種心理盔甲使這些成功者總是漠視各種批評者和權威人物的負面評價。

## 小惡不為，小善莫棄

　　兒時曾數次聽母親講過一個故事，講的是古時候一名年輕的江洋大盜，因殺人越貨被開刀問斬之際，求見母親最後一面。在刑場之上，此大盜對母親說：「您養育了我這麼多年，我在臨死之前請求再吃一口您的奶。」母親應允。結果大盜在吃母乳時，將母親的乳頭一口咬掉。原來，大盜痛恨母親在自己幼年時縱容了自己的小偷小盜，乃至於發展到自己犯下滔天大罪。這個血淋淋的故事，讓人聽了不勝欷歔。由此觀之，小惡雖小，但小中有大。任小惡發展，遲早會從量變到質變。對於小惡，最好在其萌芽時就消滅之。荊棘的種子處在萌芽狀態時很容易消滅，等它長成灌木並連成片時就難對付了；鳥雀在窩巢裡羽毛未豐時，一把就能掐死，等牠長大，翅膀硬了，滿天飛翔了，怎麼能逮著牠呢？

　　千里大堤，由於螞蟻的小窩穴而毀壞，因為滲漏越來越

## ▶▶▶▶ 第五章　日拱一卒，功不唐捐

大，最終必致決口；百尺長的房室，因為煙筒縫裡飛出的火星而焚燒。世間之事，均有一個發展與嬗變的過程，小是大的發端，大是小的聚合。一句惡語、一個惡作劇，一次兩次也許不會給自己招來多大的橫禍，但有了一次兩次之後，誰能保證沒有三次四次 N 次，失之小節，常常是釀成大錯的開始。我們看那些貪汙上億的敗類，誰不是從一點小意思開始，一步一步滑入不能自拔的泥潭的？

在《三國演義》的第八十五回裡，劉備寫給劉禪的遺詔曰：「勿以惡小而為之，勿以善小而不為。」意思是告誡劉禪，不要認為壞事小就去做，也不要因為好事小就不做。

春秋時期，有一次中山君宴請都城中的士大夫，司馬子其也在座，中山君分羊肉羹沒有分給他，他一怒之下跑到楚國，勸說楚王討伐中山國。中山君被迫逃亡。

逃亡途中，有兩個人拿著刀，尾隨著保護他。中山君回過頭來對那兩個人說：「你們為什麼要這樣？」這兩個人說：「我家有老父，有一次餓得要死，是您拿出壺中的食物給他吃。在我父親臨死時，他曾說：『如果中山君有難，你們一定要以死相報。』我們因此追隨著您，願為您而死。」中山君聽後仰天嘆息說：「施恩不在多少，而在他正當困危之時；結怨不在深淺，而在是否傷了人心。我因為一杯肉羹而使國家滅亡，卻以一壺飯得到兩位義士。」中山君的喟嘆，在今天仍有其現實意義。

〈坤卦‧文言〉中云：「臣弒其君，子弒其父，非一朝一夕之故，其所由來漸矣，由辨之不早辨也。」董仲舒在《春秋繁露》中說：「春秋二百四十年中，弒君三十六，亡國五十二，細惡不絕之所致也。」細惡就是小過錯，小不慎則釀大禍，甚至於亡國。

有個劣跡斑斑的農婦死了，閻王命令小鬼將農婦扔進油鍋裡，永世不得翻身。看著農婦在油鍋裡的慘樣，一個新來的小鬼心軟，想幫助這個農婦逃脫油鍋，便努力地啟發、詢問農婦生前是否做過什麼善事。在得到農婦的回答後，小鬼稟報閻王：「大王，這個農婦並非十惡不赦，她曾在自己的菜園裡，摘了根大蔥給一個乞丐。」閻王聽了，覺得既然不是十惡不赦的話，也沒必要讓農婦永遠待在油鍋中。於是便對小鬼說：「那你就去拿根大蔥，到鍋邊把她拉上來吧。」小鬼遵命，跑到油鍋邊，把一根大蔥的一頭遞到農婦手邊。農婦抓住大蔥爬出了油鍋，回頭看了一眼在油鍋裡眼巴巴望著自己的其他苦鬼，挖苦他們說：「你們這些髒鬼，就準備在油鍋裡繼續待著吧！」她的話音剛落，其他苦鬼一哄而上，抓住她的腳。農婦拚命想甩脫，但終究沒有成功。突然，「啪」的一聲，大蔥斷了，農婦又掉進油鍋。小鬼嘆了口氣，對農婦說：「我生前就是妳給過一根大蔥的乞丐，我能做的就這些了。」

善行哪怕只是施捨一根蔥，也會有意想不到的重報；惡語

## ▶▶▶▶ 第五章　日拱一卒，功不唐捐

哪怕僅是一句話，也會招來油鍋之痛。不要以為這只是虛構的因果報應論，在我們的生活中，因小事而導致的大禍或大富，不也經常可以看到嗎？

善行是讚美自己最好的辦法。獎章和頭銜不能讓你尊貴，只有善行才能增加你的分量。

### 專心致志，心無旁騖

專注，意味著集中精力發展與突破。很多人涉足許多領域，學習很多知識，但其實才能很虛弱，每一項的競爭力都不強。

專注於某一件事，哪怕它很小，努力做得更好總會有不尋常的收穫。請看這樣一件事。有一位農村婦女連小學都沒讀完，連用國語表達意思都不太熟練與清楚。因為女兒在美國，她申請去美國工作。她到移民局提出申請時，申請的理由是有「技術專長」。移民局官員看了她的申請表，問她的「技術專長」是什麼，她回答是會「剪紙畫」。她從包裡拿出剪刀，輕巧地在一張彩紙上飛舞，不到 3 分鐘，就剪出一組栩栩如生的動物圖案。移民局官員連聲稱讚，她申請赴美的事很快就辦妥了，引得旁邊和她一起申請而被拒簽的人一陣羨慕。

這個農村婦女並沒有其他的過人能耐，但她有一把別人都沒有的剪刀。一個人沒有學歷，沒有工作經驗，但只要有一項特長，一處與眾不同的地方，就可能得到社會的承認，擁有

其他人不能獲得的東西。可是在我們身邊，許多人往往陷入盲點，譬如一些大學生在校期間，忙著考這個證照考那個證照，弄了一大疊證書；忙著做主持人、當模特兒，打工換了一個又一個，但畢業後卻很難找到一份合適的工作。原因就是由於他們分散了時間和精力，沒有專注於某一件事，結果事與願違。

大凡成功人士，都能專注於一個目標。林肯就專心致力於解放黑人奴隸，並因此使自己成為美國最偉大的總統。伊斯特曼致力於生產柯達相機，這為他賺進數不清的金錢，也為全球數百萬人帶來不可言喻的樂趣。

每天都花一點點時間問一下自己的內心：你真正想要的是什麼？什麼才是你人生中最重要的？慢慢地，你會發現，那些遙遠的、不切實際的東西都是你行動中的累贅，而有些離你最近的事物卻可能是你的快樂所在。把精力集中在那些最能讓你快樂的事情上，別再胡思亂想、偏離正確的人生軌道。

只要我們只專心做一件自己擅長的事，全身心地投入並積極地希望它成功，這樣我們就不會覺得精疲力竭。不要讓我們的思緒轉到別的事情、別的需要或別的想法上，專心於我們正在做的事。選擇先做最重要的事，把其他事放在一邊，做得精一點，做得好一點，我們就會得到更多收穫。

要挖井，專掘一口。只要專注於某一項事業，就一定會作出使自己驚訝的成績來。

## 成功者的哲學

　　幾乎每個人都有自己的人生理想與目標，與其每天高喊偉大的口號，不如踏踏實實地做一件實事。萬丈高樓平地起，成功是累積而成的。每天晚上不妨反省一下自己，今天我做了件實事沒有？明天打算做件什麼實事？

　　我們很多人其實都有一番偉大的志向，但不少人並沒有為自己的志向盡力。志向偉大，勢必有實現的難度，不是一蹴而就的事。於是有人在志向面前懵懂了，不知如何下手，結果空懷著志向，任時間白白流逝，最後志向還是停留在腦海中，事情仍是一事無成。

　　光空口說我將來要當比爾蓋茲、松下幸之助誰不會？你不為了這個目標一點一點努力前進，永遠都不會有實現的機會。人有了大的目標，就要學會把這個目標分散成小目標，貫徹到日常工作中，用「一天做一件實事」來疊成「一生做一件有意義的事」。千里之行，始於足下，現實與夢想間的距離，終究要靠日復一日的腳步來丈量。

　　一天要做一件實事，一個月還要做一件新事。什麼叫新事，就是有新意、有創意的事。我們在前面說過：創業本身就是人生一次大膽的創新，其過程就是有所發現、有所發明、有所創造、有所突破的創新過程。1 ＋ 2 ＋ 3 ＋ 4……一直加到100，大家都一步一步地計算，朝最終的答案挺進。但後來成

為數學家的小高斯的計算方法卻與眾不同，他發現這 100 個數字的加法算術題中有個規律，那就是：最小的數與最大的數相加之和是 101，次小的數與次大的數相加之和也是 101，於是 1 ＋ 100 ＝ 101、2 ＋ 99 ＝ 101、3 ＋ 98 ＝ 101……以此類推，100 個數字正好可以組成 50 組 101，然後用 50 乘 101，就可以得出答案為 5050。當初別人要用一小時才能勉強做出的題，被小高斯用創新的方法用一分鐘就準確地計算出來。創新的力量由此可見一斑。創新在我們的創業過程中占有越來越重要的分量。運用各種新構思、新方法或新手段，是創業制勝的一個重要法寶。

再說「一年做一件大事」。所謂的「大事」，就如我們平常所說的中期目標。一個人一生的目標可能很大。因為大，我們常常會有無從下手的感覺。1984 年，在東京國際馬拉松邀請賽中，名不見經傳的日本選手山田本一出人意料地奪得了世界冠軍。當記者問他憑什麼取得如此驚人的成績時，他說了這麼一句話：「憑智慧戰勝對手。」當時，不少人都認為這個偶然跑到前面的矮個子選手是在「故弄玄虛」。10 年後，這個謎底終於被解開了。山田本一在他的自傳中透露了祕訣：「每次比賽前，我都要乘車把比賽路線仔細看一遍，並把沿途比較醒目的標誌畫下來。比如第一個標誌是銀行，第二個標誌是棵大樹，第三個標誌是棟紅房子……這樣一直畫到賽程的終點。比賽開始

後，我就奮力衝向第一個目標，過第一個目標後，我又以同樣的速度向第二目標衝去。起初，我並不懂這樣的道理，常常把我的目標定在 40 公里外的終點那面旗幟上，結果我跑到十幾公里時就疲憊不堪了。我被前面那段遙遠的路程給嚇倒了。」

我們不妨用爬樓梯來進一步說明中期目標的高明之處。假設你要去拜訪一個重要客戶，不巧到他所在的辦公大樓時電梯出現故障停用了。客戶在 30 樓，你只能爬樓梯上去。很難是嗎？面對那麼高的樓房你一定有畏懼情緒，甚至可能會產生放棄的想法。但你若轉換一下思路，把這 30 層的高樓分成 6 段，你也只不過爬 6 次 5 層樓而已。爬 5 層樓難嗎？對於健康人來說一點也不難。好，那你就開始爬吧。就像山田本一那樣將大目標分解為多個易於達到的小目標，一步步腳踏實地，每爬上 5 層樓，你就體驗了一次「成功的感覺」。而這種「感覺」將強化你的自信心，並將推動你發揮穩步發展潛能去達到最終目標。

你人生的目標是什麼？這個月你做了什麼新鮮事？你最近打算做一件什麼大事？你為了自己的具體目標都做過哪些努力？……按照這樣的思路來要求自己，每天問問自己做了什麼，就會變得積極起來。

光站在河邊想著嚷著要過河，不見你下水一公尺一公尺地游，也不見你一寸一寸地搭橋，光站在那裡看著流水東去能有

什麼結果？光陰似箭，時間如水，等閒白了少年頭，就只有望著對岸的美景空悲切了。

　　只有專注少數幾件最重要的事，不必去操心一大堆與自己無關緊要的細節，我們才能找到幸福。只有少做一些，我們才能有更多時間享受生活。只有堅持以少勝多，我們才能圓滿人生。

# ▶▶▶▶ 第五章　日拱一卒，功不唐捐

# 第六章
# 尋求外界的支持與協助

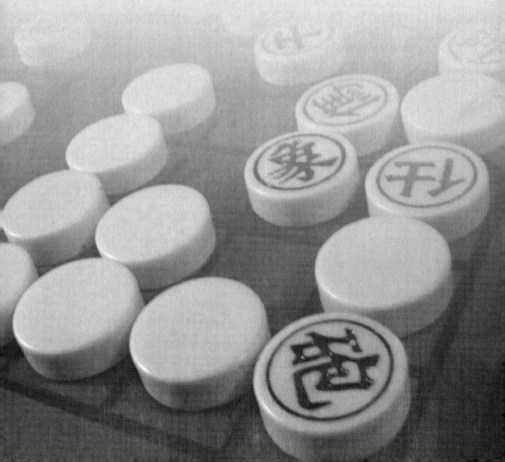

## ▶▶▶▶ 第六章　尋求外界的支持與協助

　　棋盤上的卒子，如果不依靠其他棋子的支持與協助。根本就不可能過河。在人生的棋盤上，橫亙在我們面前的「河」，很多是我們單憑一己之力無法渡過的。我們必須借助外界的協助與支持。

　　你不妨回首一下往事：在過去那些讓你引以為憾的往事中，假定有強大的外界力量來支持與協助你，有多少是可以扭轉敗局的？── 恐怕這個比例非常高。

　　強大的外界力量來自何處？── 人。歸根結柢，一切能夠調度的資源都是由人掌握的。沒有足夠的錢，只要有一個有足夠錢的人願意幫助你，你就有了錢；沒有足夠的能力，只要有一個有足夠能力的人願意幫助你，你就有了能力。而且，一個不行，還可以找兩個、三個……

天時不如地利，地利不如人和。── 孟子

萬人操弓，共射一招，招無不中。──《呂氏春秋》

能用眾力，則無敵於天下矣；能用眾智，則無畏於聖人矣。── 孫權

單個的人是軟弱無力的，就像漂流的魯賓遜一樣，只有同別人在一起，他才能完成許多事業。── 德國古典哲學家叔本華

不管努力的目標是什麼，不管他幹什麼，他單槍匹馬總是沒有力量的。合群永遠是一切善良思想的人的最高需要。── 德國古典文學家歌德

## 有誰能幫你過河

　　成功不僅在於你知道什麼或做什麼，還在於你認識誰，能夠借用誰的力量。

　　西晉著名文學家左思，以〈三都賦〉而名震京都。左思並非那種天才型的才子，就連他自己的父親左雍都認為這個兒子不可能有出息。左雍從一個小官吏慢慢做到御史，他見左思身材矮小，貌不驚人，說話結巴，倒像是一副痴痴呆呆的樣子，常常對外人說後悔生了這個兒子。及至左思成年，左雍還對朋友說：「左思雖然成年了，可是他掌握的知識和道理，還不如我小時候呢。」

　　左思自己並不看輕自己，他發憤學習，以勤補拙。隨著知識的豐富、眼界的開闊，左思覺得東漢班固寫的〈兩都賦〉和張衡寫的〈兩京賦〉，雖然氣魄宏大、文辭華麗，但存在虛而不實、大而無當的弊病。於是，他決心依據事實和歷史的發展，寫一篇〈三都賦〉，把三國時魏都鄴城、蜀都成都、吳都建業寫入賦中。

　　笨拙口吃的左思居然要寫〈三都賦〉，這個消息成了當時「文壇」的一條茶餘飯後的談資。當時有位著名文學家叫陸機，他也曾起過寫〈三都賦〉的念頭，但苦於難度大，一時不敢動筆。他聽說名不見經傳的左思要寫〈三都賦〉，就挖苦道：「不知天高地厚的小子，竟想超過班固、張衡，真是太自不

量力了！」他還寫信給弟弟陸雲說：「京都裡有個狂妄的傢伙寫〈三都賦〉，我看他寫成的文章只配給我用來蓋酒罈子！」

左思沒有理會這些譏諷，他收集了大量的歷史、地理、物產、風俗人情的資料，經過十年的推敲，終於寫成了〈三都賦〉。

十年磨一劍，霜刃不曾試。左思用心血書寫成的〈三都賦〉面世後，文人們一見作者是位無名小卒，就根本不予細看，搖頭擺手，把〈三都賦〉說得一無是處。左思不甘心自己的心血遭到埋沒，他想到當時著名文學家張華，覺得這篇文章要是得到張華的肯定，一定可以讓更多的人接受。

左思想方設法找到張華，將自己的作品呈上。張華一看〈三都賦〉，就被其大氣磅礡的文采與旁徵博引的內容所折服。他反覆玩味，稱讚道：「文章非常好！那些世俗文人只重名氣不重文章，他們的話不值一提。皇甫謐先生很有名氣，而且為人正直，讓我和他一起把你的文章推薦給世人！」

皇甫謐看過〈三都賦〉以後也感慨萬千，他對文章予以高度評價，並欣然提筆為這篇文章寫了序言。他還請來著作郎張載為〈三都賦〉中的魏都賦做注，請中書郎劉逵為蜀都賦和吳都賦做注。劉逵在說明中說道：「世人常常重視古人的東西，而輕視新事物、新成就，這就是〈三都賦〉起初不傳於世的原因啊！」

就這樣，在一批著名文學家的稱讚、幫助與推薦下，〈三都賦〉很快在京都洛陽傳抄開了。由於抄賦的人太多，一下子

弄得整個京城的紙張吃緊，出現了「洛陽紙貴」的情景。以至於當年揚言要拿這篇文章去蓋酒罈的陸機看了也心悅誠服，大聲叫好之後主動放棄自己的〈三都賦〉寫作計畫。

同是一篇文章，就因為出自無名小卒之手而沒沒無聞，後來經過名家捧場，居然名動天下。從〈三都賦〉的命運起伏中，我們若只看到感慨世人的俗氣、勢利，只能徒增一些沒有任何積極意義的憤世嫉俗。正面的思考方向應是如何讓自己的「作品」像〈三都賦〉一樣不被埋沒。

一篇上乘的佳作，只因出自無名小卒之手，要想得到應有的地位，大都需要有別人的幫助。一個普通人要想做出一番事業，就更離不開他人的幫助了。北宋名臣薛居正說：「缺者，人難改也。」意思是人有些缺陷光靠自己的努力是很難彌補的。很難彌補怎麼辦，將目光朝外看，看是否有人能幫助你。

美夢人人都會做，不同的是有的人美夢成真，有的人只是黃粱一夢。要想美夢成真，就得去做具體的事。越是大事，越是牽涉廣泛的，難度就越大。寫一本書我一個人就夠了，而經營一個出版社則需要更多人來協助。所以，對於牽涉廣泛、難度大的事，或者對一番事業來說，你得先將事業行進途中的各項困難想清楚，然後盡量在各個險要之處布上棋子，讓你過河時有人搭橋，登高時有人架梯。

一個人有多大能耐，並非僅僅指他自身的能力，而是指

## ▶▶▶▶ 第六章　尋求外界的支持與協助

他所能調度的各種資源，包括有形的資源，如設備、資金等，還有無形資源，如人際關係等。有良好人際關係的人，幾乎沒有辦不成的事。沒有錢有人會幫他出錢，沒有力有人會幫他出力。

現代社會裡，誰孤立誰就會失敗；失敗了還要堅持孤立，那這個人就是個徹底的失敗者。在現代社會這個大舞臺中，個人的力量很渺小，是微不足道的，只有善於尋求他人幫助，才是不可或缺的成功途徑。

因此，當你的事業陷入停滯或需要更大的發展時，你不妨自問目前的關鍵是什麼？我自己能解決嗎？還有誰能幫我一起解決嗎？要透過什麼樣的方法才能得到別人的幫助？

天生的欠缺，有時僅靠自身的努力是很難改變的。善於借用他人的能力與勢力來彌補自己的欠缺，是聰明人常見的一種做法。

### █ 最好存下一筆過河錢

試著回想一下：如果你現在有什麼重要的事需要幫忙，誰是那個最願意幫你的人？直系親屬自然不必多說，血濃於水的親情是與生帶來的。除了親情外，在你的朋友圈裡，那個最慷慨幫你的人，一定是你曾經幫過的人。當然，這個「幫」不一定完全是有形的給予，也可以是精神上的給予。

　　幫助別人就是強大自己，也是在幫助自己，別人得到的並非是你自己失去的。可惜的是，在一些人的固有思維模式中，一直認為要幫助別人，自己就要有所犧牲；別人得到了，自己就一定會失去。比如你幫助別人提了東西，你就可能耗費了自己的體力，耽誤了自己的時間。其實，根本不能這樣看問題，很多時候，幫助別人並不表示自己就會吃虧。如果你幫助其他人獲得他們所需的東西，你也會因此而得到這樣或那樣的東西，而且你幫助的人越多，你得到的也越多。

　　就像在銀行裡了一筆款，你如果在那些日後有可能幫你的人那裡存了人情的「款」，在你需要幫助時，別人必定會回報你，甚至會「支付」利息。也許你會覺得這太市儈了，似乎是商人之間在做交易。但很多時候，事實就是這樣，一個一毛不拔的冷酷之人，要想獲得別人的幫助實在很難。

　　所以，儘管在如何做人這個問題上有許多不同的方法和技巧可以採用，然而最重要的還是自己要從內心樂於助人，關心他人，這樣才能不斷增加自己人情帳戶上的儲蓄額。如果說建立相互信任、相互幫助的人際關係有什麼訣竅的話，那麼這應該算是唯一的和可靠的訣竅。

　　反之，不肯增加儲蓄，而只想大筆支取的人是無人理會的，這樣的銀行帳戶是根本不存在的。到需要用錢時，也就必然無錢可用，只有欠債了。但欠債總是要還的，到頭來還是要

## ▶▶▶▶ 第六章　尋求外界的支持與協助

儲蓄。這就是人與人的交往中，平等互利、收支平衡的關係。

　　我認識一位出版商，他平時就很注意建立人際關係，不論是大人物還是小人物，他都不吝開銷地和他們建立並保持良好的關係。據說有位與他未曾謀面的作家因為急需去向他借錢，他二話不說就掏出 20,000 元。他廣建人脈的結果是，到處都有人幫助他，他因此而得到很多優質的稿件。後來他在危急時，有很多人幫他度過難關。

　　值得注意的是，生活中常有這樣的人，幫了別人的忙，就覺得自己有恩於人，於是心懷一種高高在上，不可一世的優越感。這種態度其實是很危險的，常會引發反面的後果，也就是他幫了別人的忙，卻沒有增加自己的人情帳戶存款，正是因為這種驕傲的態度，把這筆帳抵消了。

　　人情要做足，要舉重若輕，而不能拈輕怕重。

　　舉重若輕，並非叫你像武俠小說裡那樣，為了朋友，可以兩肋插刀、傾家蕩產，甚至可以慷慨赴死都一派輕鬆的樣子，那是為了「俠義」，而這裡所說的舉重若輕是種態度，是為了人情，因為我們生活在人與人相互幫助才能生存的社會裡。

　　朋友之間幫助後，常有這樣的應答：「哎呀，太感謝你了！」「我們是兄弟，沒事的。」

　　這其實就是舉重若輕的態度，朋友找你辦的事，若他能辦得了，自然也不會來找你，所以，你若幫他辦成了，就要學得

謙虛點，絕不能以此自誇或炫耀。應看得輕鬆點，不必放在心上，這會讓朋友更加器重和感激你。

比如，一個朋友去找你，請你幫他弟弟找份工作，你答應了，也做到了，並且你平時還常給對方小小的關心、照顧。這種事，在朋友面前你是不該說什麼的，要淡然處之。你用不著擔心他會不領情，就算他弟弟不說，也一定會有人告訴他。

舉重若輕，你還要自己送「貨」上門，把人情送給正需要你的朋友，如果你是雪中送炭，一定會讓他萬分感動，銘刻在心。

舉重若輕，你就要想朋友之所想，急朋友之所急，在他最困難、最需要幫助的時候，你的出現對他來說，就彷彿暗夜裡的一道光亮，讓他難以忘卻。

舉重若輕還有一個意思，就是你若欠了朋友的人情，在還人情債時，要還足，甚至要多還。你的人情大於他的時，他就會記你一份新的人情帳，永遠也算不清，從某種意義上講，這種算不清的帳，無疑就成了與朋友之間聯繫的一種牽絆。

總之，對於值得結交的人，一定要在精神與物質上都盡力給予接濟。而物質上的接濟，不要等他開口，應主動而又自然。幫助他人不要有絲毫尋求報答的念頭。寸金之遇，一飯之恩，都可以使他終生銘記。日後如有所需，他必奮身圖報。即使你無所需，他一朝否極泰來，也絕不會忘了你這個知己。

授人玫瑰，手有餘香。幫助別人就是強大自己，幫助別人也就是幫助自己。

## 記住幫你過河的人

我們身處社會，在幫助別人的同時，實際上也在享受別人的幫助。目光短淺的人總在有事相求時才到處求爺爺告奶奶，事成之後連影子也見不著。更有甚者，不但事後不感恩，還反過來對有恩於己的人放冷箭 —— 這種行為我們稱之為「過河拆橋」。

傳統文化中提倡「滴水之恩當以湧泉相報」的美德，流傳著許多相關的經典故事。比如趙宣孟（宣子）要到繹縣去，見桑樹樹蔭下躺著一個因飢餓而不能動彈的男子。宣孟連忙下車，為餓漢餵熟食。餓漢因為身體極度虛弱，已經不能自主進食，宣孟就將食物先嚼爛了再餵進餓漢的嘴裡，餓漢這樣進食了幾口後才勉強恢復元氣，能將眼睛睜開。宣孟問：「你為什麼餓成這個樣子？」餓漢答道：「我在繹縣為人做僕役，回家又絕糧，羞於行乞要飯，而又憎恨自行竊取，所以到了這種地步。」宣孟給了餓漢一袋乾糧和兩塊乾肉，餓漢拜了兩拜磕頭接受了，但不敢全部吃完。宣孟問其緣故，餓漢答道：「剛才吃了覺得味道很美，我有老母，將把剩下的留給她吃。」宣孟說：「你把這些全部吃了，我再給你。」說罷又給了他一籃子飯，兩

束乾肉和一百枚錢，便離開他到繹縣去了。過了三年，晉靈公想殺掉宣孟，在房裡安排士兵埋伏，然後叫宣孟來喝酒。宣孟知道有伏兵後，中止喝酒出了門。晉靈公令房中士兵急速追殺他。一個士兵跑得飛快，先追上宣孟，見了宣孟的面後沒有動手卻飛快地往回跑，邊跑邊說：「請讓我為您回去而死。」宣孟說：「你叫什麼名字？」那人大聲回答：「要問什麼名字呢？我就是桑樹樹蔭下的餓漢啊！」話音剛落就和迎面而來的士兵格鬥，拚死阻擋了士兵的前進。沒有多久，那個士兵就寡不敵眾被殺了，但宣孟卻利用這片刻的時間空隙得以逃脫。這個知恩圖報的故事後來成為典故，杜甫在〈奉贈韋左丞丈二十二韻〉詩中就引用了它：「常擬報一飯，況懷辭大臣。」

知恩要圖報。人家幫助你過河，或許本來就沒有存在要你報恩之心，但你若過河之後，對那座曾經沒沒無聞的「橋」不理不問，任憑其風吹雨打，從道德的角度來說是不義。此外，一個知恩不報的人，下次需要別人的幫助時，別人還會那麼盡力嗎？所以，從利益角度來說，知恩不報是不智，而且在眾人眼裡，知恩不報是小人。

忘恩負義的勢利小人，歷來是人們鞭撻的對象，如同英國文豪莎士比亞所說：「我痛恨人們的忘恩負義，比之痛恨說謊、虛榮、饒舌、酗酒或是其他存在於脆弱的人心中的惡德還要厲害。」朝鮮有句諺語：「青蛙忘記了牠曾經是蝌蚪。」可見對於

## ▶▶▶▶ 第六章　尋求外界的支持與協助

忘恩負義的憎恨，無論古今中外都是一致的。

在我們的人生之路上，我們既可能是「受恩者」，又可能是「施恩人」。對於「受恩」我們要記得；對於「施恩」我們要忘記。

戰國時代四大公子之一的信陵君，因為「竊符救趙」大破秦兵取得勝利，趙王非常感激他，封了五座城池給他。信陵君非常得意，不禁有些趾高氣昂。這時，有位門客及時提醒他：「有的事不可忘，有的事不可不忘。別人有恩於公子，公子不可忘；公子有恩於人，希望公子還是把它忘了吧。」接著便陳述了竊符救趙雖得大勝，但假冒王命，殺死大將晉鄙，有功於趙而得罪於魏國，如果再驕矜自負，後果是會很不好的。

信陵君聽了，立刻責備自己，慚愧得無地自容。趙王打掃庭除臺階親自迎接信陵君，信陵君卻稱自己有罪，現有負於魏國，亦無功於趙國，好像把救趙的事給忘了。其言辭懇切，絲毫看不出半點做作之態，真可謂大智若愚。趙王聽了，更加敬佩信陵君。此後兩人和睦相處了十年。

信陵君門客的這番忠告足以發人深省。對於恩惠，就應提倡「不可忘記」和「不可不忘」，在忘與不忘的矛盾中贏得人格，獲得和諧。

值得注意的是，我們所說的報恩，並非指如同商業交易般的事成之時清楚交割，這種報恩沒必要弄得那麼市儈與庸俗，重要的是要懷有感恩之心，哪怕平時的一通電話、一聲問候，

都可視為對於恩惠的記取。

所以，人世間最令人痛恨的就是這種忘恩負義的行為，最缺德的行為莫過於過河拆橋了。你過河也就罷了，卻還要將橋給拆了當柴火燒；你忘恩也就算了，卻偏偏還要負義。這樣的人，可謂讓你身邊的人齒冷心寒，下次你要是遇上什麼困難，莫說沒人出手相助，人家不落井下石你就該萬幸了。

有位成功學家曾說過這樣一句話：「人要獲得成功，第一步就是先要存有一顆感恩的心，感激之心」。是的，會感恩的人才能贏得別人的尊重、愛護與幫助。一個人也只有學會感恩，才算是學會了做人。

## 雙贏是最高的境界

大火來臨，屋中有兩個人被困住。一個是瞎子，一個是瘸子。瞎子想逃，但看不清路；瘸子想逃，但行動不便。眼看就要雙雙葬身火海，突然瞎子背起瘸子並說：「你指路，我跑路。」結果，在瘸子口說左邊右邊的引導下，他們雙雙逃離了火海。這是一個 1＋1＞2 的典型案例。人生處處是競爭，但千萬不要忘了在競爭之外還有合作。記住，人與人之間並非只有你輸我贏的零和遊戲。在你過河的旅程中，雙贏才是最高的人生境界。

范雎是戰國時期著名的策士，他原本是魏國小吏，受陷害

後逃亡至秦國，使盡渾身解數把自己推銷給昭王，輔佐昭王親政後他被拜為丞相，總算把自己賣了個好價錢。但後來有個叫蔡澤的策士盯上了范雎的位置。

蔡澤被趙國驅逐，逃亡到韓、魏，途中又被人搶走炊具。正徬徨無奈之際，聽說秦相范雎先前重用鄭安平、王稽，兩人後來都犯下重罪，以致使范雎內心慚愧不已。蔡澤看到其中隱藏的機會，便決定西行入秦，去拜見范雎。

蔡澤見了范雎後，談到越大夫文種為越王勾踐開疆拓土，發展農業，率領四方軍隊和全國上下的人民，擊敗吳國生擒吳王夫差，完成了越國的霸主功業，可是到頭來勾踐卻把他殺了。而同為越大夫的范蠡深知明哲保身之理，功成身退，遠離人間的是非之地，駕輕舟渡海遁世，隱姓埋名經商，而成為巨富陶朱公。有了這些鋪陳，蔡澤直言不諱地告訴范雎：「如今閣下當了秦國相國，協助秦王將秦國強盛起來，現在天下諸侯都畏懼秦國，秦王的慾望也得到滿足，而您的功勳已到了頂點。此刻如果不知及時隱退，商鞅、吳起、文種之禍離你就不遠啦！您為何不在此時納還相印，虛相國之位以待賢人？這樣既可博取伯夷一樣的美名，又可長享富貴，世代稱孤，更能和仙人王子喬、赤松子一般長壽，這些與日後身遭慘禍自是天壤之別，您認為我說得有道理嗎？」

范雎果然很聰明，覺得蔡澤帶來的禮物非常珍貴——自

己的性命當然珍貴。於是馬上答應幫助蔡澤取代自己。過了幾天，范雎入朝拜見秦昭王，對他說：「有位新從山東來的客人蔡澤，其人雄辯，臣閱人無數，更無人可與之相比，臣自愧不如。」於是昭王召見蔡澤，一番對話後，昭王十分讚賞，拜為客卿。范雎這時自思後路，便稱病不朝，並藉病辭官。昭王一再不准，范雎便推言病重，並推舉蔡澤取代自己。昭王無奈只得允准，並任命蔡澤為相。

結果，范雎獲得了平安和美名，得以富貴終生，而蔡澤也得以從一個落魄潦倒的流浪漢搖身變成一人之下、萬人之上的丞相。他們各取所需，皆大歡喜。

這就是「卒子」借助別人力量過河的雙贏之道。你依靠別人過了河，在你過河時，也一起把別人從困境中「渡」出。大家的目的或許不同，但需要做的事情卻是一致的。

有一篇叫〈慷慨的農夫〉的短文，說美國南部有個州，每年都舉辦南瓜品種大賽。一位經常獲得頭獎的農夫，獲獎之後，總是毫不吝惜地將得獎南瓜的種子分送給街坊鄰居。有人不解，問他為何如此慷慨，不怕別人的南瓜品種超過他嗎？農夫回答說：「我將種子分送給大家，方便大家，其實也就是方便我自己！」原來，鄰居種上了良種南瓜，就可以避免蜜蜂在傳遞花粉過程中，將鄰近的較差品種傳粉給農夫的南瓜。這樣，農夫就能專心致力於品種的改良。否則，他就要為防範外

來花粉對品種的汙染而疲於奔命。

　　這種「與人方便，自己方便」的精神，其實就是一種現在所提倡的「和諧」之道、雙贏之道。無論是對安身還是立命，是經商還是致富，都是立於不敗之地的做人祕笈。

## 如何培養合作精神

　　在美國鋼鐵大王安德魯・卡內基的墓碑上，刻著一首短詩：「這裡安葬著一個人，他最擅長的能力是把那些強過自己的人，組織到他服務的管理機構之中。」洛克斐勒則說：「我願意付出比得到天底下其他本領更大的代價，來獲取與人相處的本領。」

　　一般而言，大凡古今中外的事業有成者，往往都是團結合作的好手，都是能將他人的聰明才智「集合」起來的高手，都是能將合作者的潛能充分調度、發揮的能手。漢高祖劉邦在平定天下、設宴款待群臣時很有感慨地說：「運籌帷幄，決勝千里之外，朕不如張良。治國、愛民，能有萬全計策，朕不如蕭何。統帥百萬大軍，百戰百勝，是韓信的專長，朕也甘拜下風。但是，朕懂得與這三位天下人傑合作，所以朕能得到天下。反觀項羽，連唯一的賢臣范曾都團結不了，這才是他步入垓下逆境的根本原因。」

　　有人問：「我也想與人合作，但就是合作不了，這是什麼原因呢？」

　　第一，可能與自己的私心太強有關。合作需要人的無私，需要利益共享。有些人的私心太強，什麼利益都想自己獨吞（或占多數），凡涉及名利之事都想自己優先，都想將他人排斥在外，自己一點小虧都不肯吃；有些人的功利主義色彩太強，對合作者採取利己主義的態度，用到他人時，什麼都好商量，不用他人時，則採取將人一腳踢開、理都不理的態度。一個人若是對合作者採取這樣的態度，那麼是永遠無法好好合作的，而且合作不久也會馬上散夥。

　　第二，可能與自己不能平等待人有關。合作需要人與人之間的平等，需要人與人之間的尊重。但是，有的人卻不是這樣，總是將自己看成主人，將自己的合作者看成「受恩者」，因而有意無意地露出高高在上的優越感，不懂得尊重他人，缺少一點民主精神，在合作者面前他永遠是個指揮者、命令者，讓合作者感到很不稱心，時間一長，這種合作也必定會不歡而散。

　　第三，可能與自己對他人的苛求有關。有的人雖然很有能力，私心也不多，對自己的要求也很嚴格，但別人就是不願意在他手下工作。為什麼呢？就是因為這種人不太懂得「人非聖賢，孰能無過」的道理，往往將對自己的要求也強加到合作者的身上，自己在假日加班，也不讓其他人休息，誰要休息，就是想偷懶，就是不好好工作，就得挨罵。這種人還有個毛病，

## ▶ ▶ ▶ ▶ 第六章　尋求外界的支持與協助

就是總要將自己的意志強加於人，什麼事都得聽自己的，都必須按自己的意見辦事，時間一長，誰能受得了？最後，一定是以合作失敗告終。

第四，可能與自己情感上的毛病有關。有的人什麼都好，就是自己太偏執，怪僻太多，太憑印象辦事。對自己「中意的人」，就什麼事都好說；而對那些自己感到「彆扭的人」，整天板著臉，總是持一種懷疑、偏見和對抗心理去審視對方的一切。只要是這些人提出的意見，從內心就反感，更談不上去共同完成，有時甚至故意找碴發難，在這種狀態下，彼此怎能好好合作呢？

那麼，我們應該怎樣加強合作精神呢？

要想與他人好好合作，就必須克服上述毛病，不能只顧自己，不顧別人，而要做到「寧可人負我，我絕不負人」，最起碼要做到「利益共享」，人家該得到的就要讓人得到，甚至讓別人得到的比自己多一些。

要想與他人的合作持久，就要像唐代大詩人李白所說的：「不以富貴而驕之，寒賤而忽之」，讓他人感覺自己也是合作計畫的主人，感到很順心。

要想與他人好好合作，就必須做到不苛求合作者（當然，這並不是說對合作者一味無原則的遷就），不吹毛求疵，多一點寬容忍讓，做到「勿以小惡棄人大美，勿以小惡忘人大

恩」，讓合作者能感到他工作的環境充滿和諧、融洽，這樣的合作才能牢固、長久。

要想與他人好好合作，就必須多為他人著想，多多幫助對方，尤其是當合作者有困難時，更需要關心他人，及時伸出援手，讓對方真切地感到你在同情他、幫助他，在替他分憂解難。

要想與他人好好合作，必須經常認真對自己進行反思，想想最近的合作狀況，想想自己有哪些過錯，還有哪些地方可以改進……多一點自我反思，一定會使自己與他人的合作更加愉快。

不管努力的目標是什麼，不管是幹什麼，單槍匹馬總是沒有力量的。合群永遠是一切善良思想的人的最高需要。

## 錢莊夥計的華麗轉身

胡雪巖，名光墉，號雪巖，安徽績溪人，生於 1823 年。胡雪巖的經歷充滿傳奇色彩：他從錢莊夥計開始，透過結交權貴顯要，步步高升，由錢莊夥計一躍成為顯赫一時的紅頂商人。他在杭州創辦的胡慶餘堂國藥號，睥睨一時，資金最高達白銀 3,000 萬兩以上，田地萬畝。清光緒元年（1875 年）胡雪巖助左宗棠督辦新疆軍務有功，被慈禧太后論功賞胡穿黃馬褂、晉一品紅頂戴、封布政使銜，從而有了「紅頂商人」的雅號。

## ▶ ▶ ▶ ▶ 第六章　尋求外界的支持與協助

　　胡雪巖家境貧寒，幼時幫人放牛為生，稍長後經親戚推薦進錢莊學徒，從掃地、倒尿壺等雜役做起，三年師滿後，就因勤勞、踏實成了錢莊的正式夥計。正是在這一時期，胡雪巖靠患難之交王有齡的幫助，一躍而成為杭州一富。

　　一次，當時還是錢莊夥計的胡雪巖進了個酒館喝酒，看見掌櫃正在驅趕一個落魄書生，便上前探問原因。原來那書生以前的賒帳未清，又上門來賒酒喝，掌櫃不允。他當即替那書生付清所欠的酒錢，並要了幾個小菜與那位書生一同小酌，席間一交談才知道，落魄書生叫王有齡，福州人氏。王有齡的父親是個候補道，分發浙江，在杭州住了許多年，一直沒有擔任過什麼實職，最後在杭州鬱鬱而終。王有齡的父親在臨死前，見兒子科考無望，於是變賣了大部分家產，湊錢為兒子捐了一個「鹽大使」的官銜。可是為了安葬老父，王有齡已傾其所有，沒錢再去打點官府，只落得整日飲酒消愁，流落街頭。

　　胡雪巖聽後，隱隱覺得王有齡是一條龍，只是目前因為時運問題被困淺水，這樣的人終非池中之物，於是有心結識，便問：「公子有何打算？」

　　王有齡仰天嘆道：「胡賢弟有所不知，捐官只是捐一個虛銜，憑一張吏部發給的『執照』取得某類官員的資格。如果想補缺，必須進京打點吏部，稱為『投供』，然後才能抽籤分發到某省去候補。眼下自己無錢進京投供，哪來機會補缺？只是

這進京打點一趟，少說也得要四、五百兩銀子，愚兄哪來那麼
多錢？」

胡雪巖不動聲色地問：「倘若王公子有了 500 兩銀子，一
定能補上這個實缺嗎？」

王有齡道：「不瞞胡賢弟，家父生前的學生何桂清正由戶
部員外郎外放江蘇學政，最近因公路過杭州，有他相助，我想
做這個官不成問題。」

胡雪巖聽後也不再隱瞞心中想法，當即掏出一張 500 兩的
銀票放在王有齡手中。又端起一杯酒道：

「聽公子一席話，對公子英雄落難之遭遇深表同情，今日
萍水相逢，算是前生有緣，來，乾了這一杯。」

王有齡與胡雪巖舉杯一飲而盡，這一飲正是胡雪巖日後事
業的轉機。胡雪巖回到錢莊，把自己將 500 兩銀票資助他人的
事稟告了錢莊老闆，同時表示自己會努力償還這筆私自挪用的
「公款」。錢莊老闆心裡不滿，加之店裡夥計屢進讒言，胡雪巖
被錢莊老闆掃地出門，流落街頭。

王有齡在北上進京「投供」的途中，遇上自己多年未曾往
來的故交何桂清。何桂清少年得志，仕途通達，已經官至江
蘇學政。靠著何桂清的關係，王有齡在京城吏部順利地「加了
捐」。返回浙江後，還是仰仗何桂清在江南一帶的影響，憑何
桂清寫給浙江巡撫黃宗漢的親筆信，而被提名擔任「海運局」

坐辦。這是一個專門負責管理江南糧米北運進京的肥缺,「總辦」由藩司兼領,「坐辦」才是實際的主持人,王有齡很快就「發」了起來。

喝水不忘掘井人,王有齡也算是個有良心的人,每當他閒游品茗時,就想到了胡雪巖,想到是胡雪巖使他從杭州城一名落魄公子發跡到今天的地步,沒有胡雪巖哪有自己的今天?他決意要好好報答自己的大恩人。而且王有齡還聽說,胡雪巖當初為了幫他,將錢莊的差事丟了,生活沒有著落,心裡更覺有愧。幾經周折,終於在杭州城裡找到了胡雪巖。王有齡為了報答胡雪巖知遇之恩,資助胡雪巖自開錢莊,號為「阜康」。之後,王有齡又委派胡雪巖以「辦糧械」、「綜理漕運」等重任。胡雪巖的生意也越做越大,迅速完成了第一桶金的累積。

王有齡因為有胡雪巖的鼎力幫助,從落魄子弟一躍成為朝廷命官。胡雪巖因為王有齡的幫助,也從普通的夥計成為富甲一方的商人。除了王有齡之外,胡雪巖的另一塊鋪路石是左宗棠。

1862 年,貴為浙江巡撫的王有齡,因兵敗太平軍、喪城失地而自縊身亡。經曾國藩保薦,左宗棠繼任浙江巡撫一職。左宗棠所部在安徽時軍餉等項已欠近五個月,餓死及戰死者眾多。此番進兵浙江,糧食短缺等問題依然困擾著左宗棠,令他苦惱無比。急於尋找新靠山的胡雪巖又緊緊抓住了這次機會:

他雪中送炭，在戰爭環境下，出色地完成了在三天內籌齊十萬石糧食這件幾乎不可能完成的任務，在左宗棠面前一展自己的才能，得到左宗棠的賞識並被委以重任。在深得左宗棠信任後，胡雪巖常以亦官亦商的身分往來於寧波、上海等洋人聚集的通商口岸間。他在經辦糧臺轉運、接濟軍需物資之餘，還緊緊抓住與外國人交往的機會，結識外國軍官，為左宗棠訓練了約千餘人、全部用洋槍洋炮裝備的「常捷軍」。這支軍隊曾經與清軍聯合進攻過寧波、奉化、紹興等地。

胡雪巖是位商人，商人自然把利益放在第一位。在左宗棠任職期間，胡雪巖管理賑撫局事務。他設立粥廠、善堂、義塾，修復名寺古剎，收殮了數十萬具曝屍；恢復了因戰亂而一度終止的牛車，方便了百姓；向官紳大戶「勸捐」，以解決戰後財政危機等事務。胡雪巖因此名聲大振，信譽也大大提高。這樣，財源滾滾而來也就不在話下。自清軍攻取浙江後，大小將官將所掠之物不論大小，全數存放在胡雪巖的錢莊中。胡以此為資本，從事貿易活動，在各市鎮設立商號，利潤頗豐，短短幾年，家產已超過千萬。

晚清時期著名的洋務運動由曾國藩、左宗棠、李鴻章三人發起。此三人在與太平天國的戰爭中，認知到西方先進軍事技術的重要，迫切地要求向西方學習、自強禦侮。但由於他們的特殊身分，不便與外國人打交道，這樣，與左宗棠聯繫極為密

切，熟通洋務的胡雪巖又在洋務運動中找到了用武之地。他協助左宗棠創辦了福州船政局、甘肅織呢總局；幫助左宗棠引進機器，用西洋新機器開鑿涇河。毫不誇張地說，左宗棠晚年的成功中有著胡雪巖極大的功勞。

胡雪巖曾說：「要成大事，先要學會做人，而會做人即善於在交往中累積人緣。若能做到圓通有術，左右逢源，進退自如，上不得罪於達官貴人，下不失信於平民百姓，中不招妒於同行朋友，行的方圓之道。人緣的大樹枝繁葉茂，那成大事一定不在話下了。」

# 第七章
# 前進中的問題管理

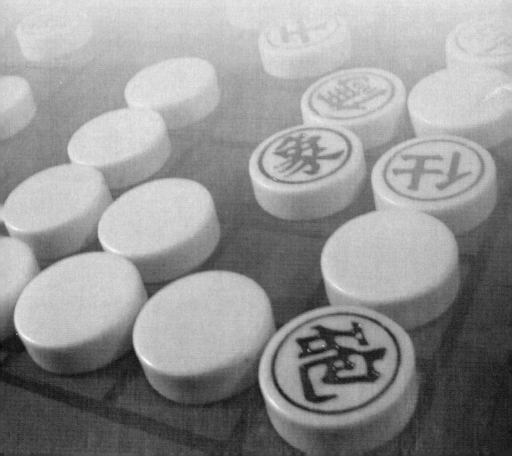

## ▶ ▶ ▶ ▶ 第七章　前進中的問題管理

問題，問題，問題！

一個又一個問題接踵而至，出現在我們前進的路上。一個不善於解決問題的人，本身就成為一個問題。

如何有效地解決問題，實在是門學問。近年來從國外到國內都流行一種應對問題的方法，叫「問題管理」，也就是把工作中發生的各種問題，用管理的方式去認知它、分析它、分解它並處理好它，不僅在問題發生前提出處理預案，而且在發生時能找到解決的正確方法。問題管理存在於人類生活的各個方面和層次，無論個人還是團體，每天的每一項活動都可以說是在進行某種問題的管理。有人說：生在這個世界本身就是為了問題而來，不停地製造並解決問題。

在本章，我們將嘗試把「問題管理」這一工具引入個人的生活中。告訴各位讀者從什麼角度看問題、分析問題、解決問題。

把抱怨環境的心情化為上進的力量，才是成功的保證。── 法國作家羅曼‧羅蘭

生活，只有在平淡無味的人看來才是空虛而平淡無味的。── 俄國作家尼古拉‧車爾尼雪夫斯基

誰若遊戲人生，他就一事無成；誰不能主宰自己，便永遠是一個奴隸。── 德國古典文學家歌德

別人認為你是哪種人不要緊，要緊的是你到底是哪一種人。── 古羅馬詩人賀拉斯

## 不找藉口，找方法

在這個世界上，最容易做的事，大概就是找藉口了。

我個子太矮，所以沒有女孩子喜歡；

我沒有本錢，所以賺不到大錢；

我沒有靠山，所以升不上去；

我學歷太低，所以找不到工作；

⋯⋯

實在沒有藉口，我們甚至還能說：我命不好。生活中，總有不少人把看不見摸不著的命運拿來作為自己「沒有辦法」的藉口。

所有的問題，無論是大是小，都可以毫不費力地找個藉口，然後輕描淡寫地把它「扔」掉。於是，我們可以心安理得，可以安於現狀，可以為自己解脫。就像狐狸吃不著葡萄，牠就找出一個美麗的藉口──葡萄是酸的，非常輕易地把問題給「解決」了。然而，藉口好找，存在的問題卻始終還在。很多人都譏笑狐狸的可憐，但自己其實也在有意無意中扮演一隻找藉口的狐狸。

臨近年關，某出版社發行部又開始為貨款問題而忙碌。在發行業務老張負責的區域，有家書店經營不善，有倒閉的跡象。老張對這家書店採取斷貨措施已經有半年多的時間，其間一直不停地追款，總算將 20 多萬書款中的 10 多萬追回，幾經艱難的

圍追堵截，書店老闆終於又開出一張 10 萬元的現金支票。

老張高高興興地拿著支票到銀行兌現，結果卻被告知，帳上只有 99,960 元。老張連忙打書店老闆的手機，老闆不接；發訊息，也不見回覆。看來是中了書店的招了。

第二天就要放春節長假了，老張如果再不及時拿到錢，來年的問題就更難預料了。要是書店真的倒閉，這貨款要收回將會非常困難。怎麼辦？

老張坐在銀行仔細想了一會兒，之後打了一通電話給發行部經理，先匯報了事情經過，然後要求經理想辦法找個名目立刻匯款 50 元到書店開出的支票帳號上，以湊齊帳號上的 10 萬元，由自己取出 10 萬貨款再說。

很快，經理就將事情辦妥。老張手裡 10 萬元的現金支票終於得以兌現。

老張在現金到手後，發了個簡訊給書店老闆。大意是：您的帳上現金不夠，我一直聯絡不上您，我想辦法幫您湊齊了尾數。再就是感謝與祝福之類的話。總之，這件事情做得兩面油光。

很少有問題能夠自行消失的，遇到問題就逃避的人，如同鴕鳥將頭埋在沙裡一樣愚蠢。而且，問題在很多時候還會因為不處理而繼續惡化。老張這個精彩的討帳故事，告訴我們一個道理：方法總比問題多。在問題面前，我們不要總是想找

藉口，要積極地想辦法。只要將思考的方向朝著解決的正面挺進，或許一盤死棋也可能活起來。

要做問題的殺手，否則問題就會成了滅掉你的殺手。問題並不可怕，一個真正自信、想提升自己的人，不僅不會躲避問題，而且還會歡迎問題的出現，挑戰問題，解決問題。其實人的一生就是個不斷解決問題的過程。在這過程中，我們將問題踩在腳下，墊高了自己。

哈佛剛畢業的女大學生菲娜到一家公司應徵財務會計工作，面試時遭到拒絕，因為她太年輕，公司需要的是有豐富工作經驗的資深會計人員。菲娜卻不氣餒，她一再請求面試官說：「請再給我一次機會，讓我參加完筆試。」面試官拗不過她，答應了她的請求。結果，她透過筆試，由人事部經理親自複試。

人事部經理對菲娜頗有好感，因她的筆試成績很好。不過，菲娜的話讓經理有些失望，菲娜說自己沒有工作過，唯一的經驗只是在學校管理過學生會的財務。他們不願找個沒有工作經驗的人做財務會計。人事部經理只好敷衍道：「今天就到這裡，如果有消息我會打電話通知妳。」

菲娜從座位上站起來，向人事部經理點點頭，從口袋裡掏出 1 美元雙手遞給人事部經理：「不管是否錄取，請都打個電話給我。」

人事部經理從未見過這種情況，竟一下子呆住了。不過他很快回過神來，問道：「妳怎麼知道我不會打電話給不錄用的人？」

「您剛才說有消息就打，那言下之意就是沒有錄取就不打了。」

人事部經理對年輕的菲娜產生了濃厚的興趣，問道：「如果妳沒被錄用，想從我的電話中知道什麼呢？」

「請告訴我，我在什麼地方沒能達到你們的要求，我在哪方面不夠好，我好在下一次加以改進。」

「那麼 1 美元……」

沒等人事部經理說完，菲娜微笑著解釋道：「打電話給沒被錄用的人不屬於公司的正常開支，所以由我付電話費，請您一定要打。」

人事部經理馬上微笑著說：「請妳把 1 美元收回。我不會打電話了，我現在就正式通知，妳被錄用了。」

菲娜在求職過程中，幾個幾乎無解的問題一再攔住她，她完全可以有很體面的藉口安慰自己退出。但她沒有，她不找藉口，專找解決問題的方法。可以這樣說：一個人解決問題的水準有多高，他的生存能力就有多大！

查爾斯‧凱特林（Charles Kettering）是美國著名的工程師和發明家。他在通用汽車公司實驗室的牆上掛了塊牌子，上面

寫著：「別把你的成功帶給我，因為它會使我軟弱；請把你沒有解決的問題交給我，因為這樣才能讓我變強。」

藉口是一劑心靈鴉片，讓人在虛幻當中心安理得。成功人士從來不找失敗的藉口，只找成功的方法。

## 解決問題的基本步驟

世界是豐富多彩和變化不定的，卻也是井然有序的。與之相應，在人類社會的發展過程中，也呈現著一種從無序到有序的趨向。生活中的問題管理也不例外。而且正是這種規律性使得我們的努力成為可能，使我們對問題管理的探討成為一件有意義的事。

每個人都有可能把自己訓練成一名問題管理高手。雖然不同問題的解決方法千差萬別，但基本上可分為三步。若能仔細研究這些步驟，判斷力必能獲得相當的改善。

### ■ 第一步：找出問題的癥結

朋友小趙在最近一年中被家庭入不敷出的問題搞得焦頭爛額。他在一家化工精密儀表公司做業務員，年收入約 60 萬元左右，妻子自他們結婚後一直做全職家庭主婦。按說家庭年收入 60 萬元，在臺北生活也可以基本達到小康水平，不至於陷入財務困境。但他們在財務危機面前的應對措施失當，致使他

們在家庭經濟上出了問題。

　　問題的緣由是他們一年前新添了一個小寶寶，寶寶的身體一直不大好，大病倒是沒有，小病卻是不斷。小趙一家 5 萬元的月收入，還了 2 萬元房貸後的餘款幾乎全花在小孩身上。就這樣，他們家庭第一次出現了財務危機。

　　陷入財務危機的夫妻倆，首先想到的當然是借錢度過難關。但借錢只能解決燃眉之急，於是他們又想到節省開支，在孩子滿一百天後，他們把聘請的保姆辭退，這樣每月可以節省 5,000 元的工資支出。辭了保姆之後，小趙下班後要做很多家務事，上班時也常需要請假幫妻子帶孩子去兒童醫院 —— 而這些事，原來都是保姆可以做的。

　　小趙夫妻很希望迅速擺脫財務危機，但事與願違。自從辭退保姆後，小趙因為將大量精力與時間花在家庭事務上，結果工資收入一個月比一個月少 —— 他的收入主要來自業務抽成。一年之後，滿周歲的孩子身體健康得多，基本上不生病了，但小趙此時的月收入連 3 萬元都不到了。他們在經濟危機中越陷越深。

　　小趙這時才如夢初醒，非常後悔當時用辭退保姆的方式來應對財務危機。他光想到「節流」，卻沒想到自己「節」了小「流」，誤了大「流」，因為節省了每月數千元的小錢，把自己每月幾萬元的收入也「節」掉了一大半！

　　小趙在身處財務危機時，沒有找出問題的癥結，導致因小失大，結果在危機中越陷越深。

　　一個簡單的例子，如果有人因為鞋子磨腳，不去找鞋匠而去看醫生，這就是不會處理問題，沒有找到解決問題的關鍵所在。從這裡我們可以理解，為什麼說徹底分析問題癥結和尋找正確的解決方法才是最重要的步驟。否則，問題癥結的本身和不當的解決方法會扭成一團而理不清楚，讓你在舊的問題上還未處理好，新的問題又不斷發生。當你在工作與生活中遇到問題時，應該想想這個例子，一定要掌握住解決問題的核心所在。能夠找出解決問題的核心所在，並能逐步使它得以實現，問題就已解決一大半了。

　　再回到我們前述的例子。小趙當時若將解決家庭經濟危機的重心放在「開源」而不是靠辭退保姆的簡單「節流」上，努力工作，爭取更多的收入 —— 或者與以往持平，其財務問題都不會演變到後來那麼糟糕。

## ■ 第二步：分析問題癥結

　　一個士兵開著一輛帆布頂篷卡車，在行軍時不慎受困於一個深深的泥坑。

　　正當這個士兵左衝右突都無法脫離泥坑時，一隊轎車從旁邊駛過。看到這輛陷入困境的卡車，車隊立即停下，一位身著紅色佩帶的將軍從8輛汽車的頭一輛中走了出來，向士兵走去。

「遇到麻煩了？」

「是的，將軍。」

「車陷住了？」

「陷在泥坑裡，將軍。」

這位將軍仔細觀察了一下，這時，他想起新頒發的一項要求加強官兵之間戰友情誼的命令，於是，他決定身體力行地給大家做個榜樣。

「注意了！」他拍拍手用命令的口氣高聲叫喊著，「全體下車！軍官請過來！我們讓士兵的卡車重新跑起來！幹活吧，各位！」

從 8 輛汽車裡鑽出幾乎整整一個司令部的軍官 —— 少校、上尉，一個個穿著整潔的軍服。他們與將軍一起埋頭苦幹，又推又拉，又扛又擡。就這樣努力了十多分鐘，汽車才從泥坑中開出來停在路邊準備上路。

我們可以想像當這些軍官穿著滿是泥汙的軍服鑽進汽車時，他們的樣子是何等狼狽，而他們在心裡又是怎樣詛咒這道命令。將軍最後一個上車，在上車前他洋洋自得地走到士兵面前，邊揮著手上的泥邊微笑問道：

「對我們還滿意嗎？」

「是的，將軍！」

「讓我看看，您的車上裝了些什麼？」

將軍拉開篷布，他驚訝地看到，車廂裡坐著整整 18 個年輕力壯的士兵。

解決問題時，很多人都喜歡「跟著感覺走」，並不願花精力去了解更多與之相關的實際情況，結果不是花了大力氣辦了小事情，就是把事情越弄越糟。

在尋找真正解決問題的方法時，要設法收集與問題相關的資料，然後要進行深入的分析和統整。應該有科學家做研究時的審慎態度。解決問題必須採用能從根本解決的、有實效的方法，做出判斷或做出決定都必須以問題真正得以解決為基礎，同時，從各個角度來分析解決後的問題，是不是不再導致新的問題產生，這一步也必不可少。

一旦提出解決問題的方法後，要落實這個方案，防止產生新問題就容易多了。分析問題的癥結，對於理性思考的產生非常重要。

## ■ 第三步：謹慎做出選擇

人對事物的認知總會受到時間、空間的局限，而我們面對的是變化的、運動中的世界，因此，在解決問題時，我們仍會遇到因考慮不周、魯莽行動而造成損失的情況，所以我們遇事要「三思而後行」。要知道，在解決老問題時會產生許多新問題，很多時候都是衝動、未經深思熟慮的結果。

衝動情緒往往是由於對問題及其利弊關係缺乏周密思考引

## ▶ ▶ ▶ ▶ 第七章 前進中的問題管理

起的，在遇到與自己的主觀意向發生衝突的事情時，若能先冷靜想想，不倉促行事，就不會衝動起來，事情的結果也就會大不相同。

石達開是太平天國首批「封王」中最年輕的軍事將領，在太平天國金田起義後向金陵進軍的途中，石達開一直身為開路先鋒，他逢山開路，遇水搭橋，攻城奪鎮，所向披靡，號稱「石敢當」，功勞著實不小。太平天國建都天京後，他與楊秀清、韋昌輝等同為洪秀全的重要輔臣。後來又在西征戰場上，大敗湘軍，迫使曾國藩又氣又羞又急，欲投水尋死。在「天京事變」中，他又支持洪秀全平定韋昌輝的叛亂，成為洪秀全的首輔大臣。

但是，在這之後不久，石達開卻獨自率領 20 萬大軍出走天京，與洪秀全分手，最後在大渡河全軍覆滅，他本人亦慘遭清軍總督駱秉章凌遲。石達開出走和失敗的歷史便是魯莽衝動解決問題的表現，足以使後人深思。

1857 年 6 月 2 日，石達開率部由天京雨花臺向安慶進軍，出走的原因據石達開的布告中說，是因「聖君」不明，即責怪洪秀全用頻繁的詔旨來牽制他的行動，並對他「重重生疑慮」，以致發展到有加害石達開之意，這就使兩人間的矛盾白熱化了。他應該如何解決這問題呢？

當時面對這一日益尖銳的矛盾有三種解決問題的辦法可

行：一種解決問題的辦法是石達開委曲求全，這在當時已不可能，心胸狹窄的洪秀全已不能容石達開；一種是急流勇退，掛印棄官來消除洪秀全對他的疑惑，這也很難，當時形勢已近水火，如果石達開真要解甲歸田的話，恐怕連性命都難保；第三種是誅洪自代。謀士張遂謀曾經提醒石達開，吸取劉邦誅韓信的教訓，面對險境，應該推翻洪秀全的統治，自立為王。

按當時的實際情況看，第三種解決問題的辦法應該是較好的出路，因為形勢的發展實際上已摒棄了像洪秀全那樣心地狹隘的領袖，需要一個像石達開那樣的新領袖來維繫。但是，石達開的弱點就是封建傳統的「忠君思想」，他講仁慈、信義，他對謀士的回答是「予唯知效忠天王，守其臣節」。

因此，石達開認為率部出走才是解決問題的最佳方案。這樣既可打著太平天國的旗號，進行推翻清朝的活動，又可避開和洪秀全的矛盾。而石達開率大軍到安慶後，如果按照原來「分而不裂」的初衷，本可以此作為根據地，向周圍擴充。安慶離南京不遠，還可以互相支援，減輕清軍對天京的壓力，又不會失去石達開原在天京軍民心目中的地位。這本是石達開完全可以做到的。但是，石達開卻沒這樣做，而是下決心和洪秀全分道揚鑣，徹底分裂，捨近而求遠，獨去四川自立門戶。

歷史證明了這一決策完全錯誤，石達開雖擁 20 萬大軍，英勇決戰江西、浙江、福建等 12 省，震撼了半個中國，歷時 7

年，表現出高度的堅韌，但在最後仍免不了一敗塗地。

　　1863 年 6 月 11 日，石達開部被清軍圍困在利濟堡，石達開決定用自己一人之命換取部隊的安全，這又是他解決問題方法的失誤。當軍中部屬知道主帥「決心投降」時，已潰不成軍了。此時，清軍又採取措施，把石達開及其部屬押送過河，而把他和 2,000 多解甲的戰士分開。這一舉動，頓使石達開猛醒過來，他意識到自己的詐降計太拙劣了，暗自悔恨，可惜為時已晚。

　　回顧石達開的失敗，主要是這個人在解決問題的方法上不斷產生的失誤。他衝動魯莽的行動，決定了他在解決問題時，無法找到有效的解決問題方法。

　　當我們在尋找徹底有效的解決問題方法時，常會犯一個老毛病，就是「自不量力」地做些吃力不討好，甚至「賠了夫人又折兵」的事。因此，在選擇解決問題的方案時，首先，應先問問自己這個方案到底能達到什麼樣的效果？對徹底解決問題有什麼幫助？如果按此方案執行會產生何種後果？這樣才能促使你三思而後行，避免衝動。其次，遇有突發問題時要鍛鍊自制力，盡力做到處變不驚、靜以待動，不要遇到矛盾就「兵戎相見」，像個「易燃品」，見火就著。倘若你是個「急性子」，更應學會自我控制，遇事時要學會將問題「熱處理」變為「冷處理」，考慮過各種解決方案的利弊得失後再作出選擇。

一個又一個問題接踵而至，阻礙我們前行。一個不善於解決問題的人，本身就會成為一個問題。

## 集中自己的注意力

有很多人常常認為自己很缺乏深入思考的能力。這些人到底為什麼會這般討厭思考呢？

他們討厭這種深入思考、不喜歡作決定的理由之一，就是因為他們必須集中精力去關注如何解決問題，而解決問題時要涉及各方面的關係和因素，這對一般人來講，是件很「累」的事，因為它就像調動千軍萬馬一樣複雜，稍有不慎，滿盤皆輸。

的確，解決問題的注意力很容易為問題的複雜性所分散。我們要將心思集中在解決問題的核心上，有時相當困難，因為大多數人在頃刻間便讓注意力偏離了問題的核心。

當我們在做決斷時，整個心思必須停留在問題特定的環境上。當然你也必須了解，讓一個人的心思完全集中在整個問題的解決方案選擇上是很困難的，畢竟他不能憑主觀臆想去解決問題，還要考慮客觀因素，所以我們解決問題的思考過程很容易受到外界影響。

因此，我們在思考某一問題時，最好是將相關因素全部寫在紙上，以免有所遺漏。

　　當我們拿出紙筆之際，應該能全面了解正在進行的事態。我們之所以對自己該決定的問題未能作出決定的理由之一，就是深恐一旦實行了自己所作的決定會慘遭失敗。這個恐懼心理正是讓我們遲疑不決的重要因素。一旦拿起筆紙，正視事情的存在，我們這種畏懼的心理就會自然消失。當我們消除了畏懼之後，對於自己的決定也就不再存在疑惑了。

　　現實的恐怖，並不如想像的恐怖來得可怕。面對恐怖，越是了解其真面目，就越不會感覺它的恐怖之處。

　　要如何決定才是正確的呢？如果連自己也不知道的話，不妨試著將可以衡量的相關因素全部寫出來。以一位準備「跳槽」的先生為例，將各種相關因素全部列出。

❖ 如果轉任新職的話，每年可增加 1 萬元收入。

❖ 但我在原公司工作 10 年的資歷勢必犧牲。

❖ 我的年終獎金恐怕也就沒了。

❖ 新公司的工作環境較好。

❖ 新公司的工作感覺較辛苦。

❖ 現在我的工作能力已到了目前薪水的上限。

❖ 我已 40 歲了，不想去冒很大的風險。

❖ 我不想碰運氣。

❖ 我喜歡認真工作的人，對於新公司的人際關係我並不是很了解。

❖ 新公司是成長性更長久的公司。

　　將這些必須考慮的因素列出來，比其他任何方法更能幫助你作出明智的決定。這個技巧的確可以提供給你一個思考和判斷的新基礎。

　　只憑著空想而期望得出正確的思考結果是非常困難的，但只要將解決問題的想法寫在紙上，便很容易集中精神作出正確的思考。

　　因此，我們應將注意力集中於第一目標上。當找出第一目標後，應清楚地寫在一張明信片大小的紙上，然後把它貼在自己容易看見的地方，譬如洗臉臺旁、梳妝臺鏡子上等，甚至每天在睡覺前或起床後，便面對它大聲念一遍。也可利用腦中有空閒的時候，來思考如何解決這件事，並常想像自己成功時的情景以鼓勵自己。

　　如此持續一段時間後，相信你會愈來愈感覺到自己正在走向目標的途中。但必須注意，這種方法必定需要經過一段時間後才會顯現出它的效果和成績，如果只做一兩天，是不可能收到什麼效果的。此外，必須以積極的態度從事這種強化慾望強度的方法，否則就沒有意義了，而且任何一絲消極的意念都有可能前功盡棄。若想經常維護強烈的慾望，信心是不可或缺的靈丹妙藥。但話又說回來，靈丹妙藥服下之後，也還是需要一段時間才能走遍全身。

經過一段時間後，透過你的思考，卡片上的文字逐漸產生了變化 —— 原本困難的問題已經轉變成清晰的解決問題的思路，這便奠定了你突破問題之河的基礎。

集中注意力，將問題的各方面考慮周全。這樣作出的決策會更加合理，你也將會減少很多悔恨。

## 過河的路不只一條

當諾貝爾研究出威力強大的硝化甘油新型炸藥時，有人認為他是在為戰爭販子提供殺人利器。因此，他的工廠門前經常有人舉著牌子抗議和示威。

然而更麻煩的事情是當時落後的生產工藝。在炸藥生產過程中，諾貝爾工廠發生過多次爆炸事件，一些人死於非命，其中包括諾貝爾的弟弟。諾貝爾本人也負傷纍纍。市民不能容忍一座危險的火藥桶安放在他們中間，便紛紛向市政府請願，要求關閉諾貝爾的工廠。市政府順從民意，強令諾貝爾工廠遷出城外。

無奈之下，諾貝爾決定將工廠整體搬遷。但是，搬到哪兒去呢？這座城市周圍是大片水域，陸地面積很小，任何居民都不會接受一座會爆炸的工廠。看來只有遷往人煙稀少的偏遠山區才不會有人反對，但昂貴的運輸費用卻使諾貝爾難以承受。以當時的技術條件，也很難保證在長途搬運過程中不會發生爆炸事故。

怎麼辦？諾貝爾遇到一個兩難問題。

有人勸諾貝爾乾脆別做了。世上值得做的事業多著呢，何必一定要做這種吃力不討好的買賣？但諾貝爾卻不是個輕言放棄的人，無論付出多大代價，也要將自己鍾愛的事業進行到底。他想，工廠搬遷，需要滿足人煙稀少、費用節省、運輸安全三個條件，而這三個條件卻是相互矛盾的。他冥思苦想，終於想到一個主意：將工廠建在城外的水面上。在那個年代，這的確是個異想天開的構想，卻也是能同時滿足上述三個條件的唯一辦法。

以當時的技術條件，在水面上建廠的難度太大。諾貝爾的做法是：以一條大駁船做平臺，將工廠比較不安全的部分，如生產工廠、火藥倉庫建在上面，用長長的鐵鏈繫在岸上；將工廠其餘部分建在岸上。一道大難問題就這樣解決了。

條條大路通羅馬，解決問題的方法很多。當我們感到迷惘時，當我們猶豫不決時，我們是否可以這樣想想：這一事物的正面是這樣，假如反過來，又將怎樣呢？正面攻不上，可否側面攻、後面攻？

世上只有難解決的問題，卻沒有不能解決的問題。方法總比問題多，當例行方法行不通時，打破固定思維模式，難題也許就會迎刃而解。

一位乘客上了一輛計程車，並說出自己的目的地。司機

# ▶ ▶ ▶ ▶ 第七章　前進中的問題管理

問：「先生，是走最短的路，還是走最快的路？」乘客不解：「最短的路，難道不是最快的路嗎？」司機回答：「當然不是。現在是上班高峰，最短的路交通擁擠，搞不好還要塞車，所以用的時間一定很久。您要是有急事，不妨繞一點路，反而會早到。」

人生中有很多時候我們會遇到類似的問題：我們以為最簡單快捷的解決方式，不見得最好。但最快的路不一定是最短的路，到達目的地最短的路可能會因某種原因使我們浪費更多的時間。

林肯曾經說過：「我從來不為自己確定永遠適用的政策。我只是在每個具體時刻爭取做最合乎情況的事情。」英國大科學家、電話的發明者貝爾說：「不要常走人人去走的大路，有時另闢蹊徑前往叢林深處，那裡會令你發現從來沒見過的東西和景物。」

1980 年代，德國賓士汽車受到日本大量優質低價車的衝擊，逐漸難過起來。怎麼辦？世界上最早的汽車品牌之一就叫賓士，難道它已經老態龍鍾，不再適應社會而不能繼續奔馳了？

賓士的掌門人埃沙德・路透絕不會答應賓士在自己的手裡拋錨。這個雄心勃勃的德國人，為賓士汽車選擇了一條與眾不同的道路。他保證這條與眾不同的道路，將會令賓士汽車再次迅速而平穩地奔馳起來。

　　路透為賓士汽車選擇的是高價路線:「賓士車將以兩倍於其他車的價格出售。」路透似乎早已下定決心,他知道如果設法提高賓士車的品質,以優質為基礎的高價必能帶給消費者無上的尊貴感、滿足感。

　　為了激勵全體員工共同實現新的目標,路透感覺到有必要親自到工廠和試驗場去身體力行一番。他當然知道這種逆風而行的一步如果成功,將給賓士公司帶來多高的榮譽,但他更清楚這一步一旦失足,會帶來多大的損失。他必須鼓起所有勇氣走好這步險棋。

　　路透和他所率領的公司永遠不願像恐龍那樣成為不適應變化的角色。在賓士 600 型高級轎車問世前,路透便對他的技術專家說:「我最近想出一個很優秀的汽車廣告,當然是為我們賓士想的。這則廣告是:『當這款賓士轎車行駛時,最大的噪音來自車內的電子鐘。』我準備把這款賓士車定價為 17 萬馬克。」專家當然明白總裁的意思,卻仍不免大吃一驚:17 萬馬克,可以買好幾輛普通轎車啊!

　　也許是總裁的表現感動了那些專家,他們廢寢忘食地工作,以驚人的速度成功地把新型優質的賓士轎車獻給埃沙德‧路透。路透宣布將賓士轎車的價格提高一倍。這個命令不僅讓整個德國同業震驚,更讓全世界的汽車工業驚惶不已。

　　路透的願望很快變成了現實,聞名世界的高級豪華型轎

車——賓士600問世了，它成了賓士轎車家族中最高級的車型，其內部的豪華裝飾，外部的美觀造型，無與倫比的品質莫不令人嘆為觀止。很快，各國的政府首腦、王公貴族以及知名人士都競相選擇賓士600作為自己的交通工具，因為，擁有它不僅是財富的象徵。

現在，賓士汽車公司仍是德國汽車製造業的老大，也是世界商用汽車的最大跨國製造企業之一，賓士汽車以優質高價著稱於世，且歷時百年而不衰。

當其他企業大多以走降低成本、降低商品價格的道路來達到增強競爭力的目的時，賓士公司卻走了條小路。這不能不算是給很多人解決問題的某種啟示。

當很多人在往同一條大路上擠時，只要你擁有足夠的謀略、實力和信心，另謀小路而取之，也許會到得更快、更輕鬆。

當解決問題的一條路被堵死時，不要氣餒。試著換個角度來觀察問題，也許你會有意外的收穫。條條大路通羅馬，方法總比問題多。

## 莫把簡單問題複雜化

有些人有時會把一些簡單的事情複雜化，越去研究它，就越覺得難以戰勝它。實際上，很多時候，解決某些問題只需一個簡單的意念，一個直覺，並照著你的直覺去做，很可能就把

自己從令人身心俱疲的思想死結中解救出來 —— 看到問題的根本,原來事情就這麼簡單。

英國某家報紙曾舉辦一項高額獎金的有獎徵答活動。題目是:在一個充氣不足的熱氣球上,載著三位關係世界興亡命運的科學家。

第一位是環保專家,他的研究可拯救無數人們免於因環境汙染而面臨死亡的噩運。

第二位是核子物理專家,他有能力防止全球性的核戰爆發,使地球免於遭受滅亡的絕境。

第三位是農業專家,他能在不毛之地,運用專業知識成功種植糧食,使數千萬人脫離因饑荒而亡的命運。

此刻熱氣球即將墜毀,必須至少扔出一個人以減輕載重,其餘兩人才有可能存活 —— 如果繼續超重,還可能需要再扔下一人,請問該扔掉哪位科學家呢?

問題刊出之後,因為獎金數目相當龐大,各地答覆的信件如雪片般飛來。在這些答覆的信中,每個人皆竭盡所能,甚至天馬行空地闡述必須扔掉哪位科學家的宏觀見解。

最後結果揭曉了,巨額獎金的得主是個小男孩。他的答案是 —— 將最胖的那位科學家扔出去!

這當然是種噱頭式的炒作,但這小男孩睿智而幽默的答案,是否也同時提醒了許多聰明的大人:最單純的思考方式,

往往會比複雜地鑽牛角尖，更能獲得好的成效。

　　儘管解決疑難問題的好方法有很多，但歸納起來只有一種，那就是真正能切合該問題的實際，而非自說自話、脫離問題本身的盲目探討。所以，在你「過河」遭遇阻力時，要仔細想清楚問題真正的重點何在。

　　我們可以透過單純化的思考，將這種思考的方式模式化，訓練成為日常的習慣。經過反覆應用，假以時日，你將不會再為問題複雜的表象所困惑，而擁有足夠的智慧，得以找出自己能夠處理解決的答案來。

　　世界上有許多事原本都很簡單，卻因人們複雜的思維模式而變得複雜。人們和這些複雜問題不斷搏鬥，並依據各種理論、各種經驗，用一些連自己也不明確的方法來解決問題。實際上，解決這些複雜的問題，最好的方法往往就是運用簡單的思維。

　　一個農民從洪水中救起了他的妻子，他的孩子卻被淹死了。事後，人們議論紛紛。有人說他做得對，因為孩子可以再生，妻子卻不能死而復活。有人說他做錯了，因為妻子可以再娶，孩子卻沒辦法死而復活。

　　哲學家聽說了這個故事，也感到疑惑難解，他去問農民。農民告訴他，他救人時什麼也沒想。洪水襲來時，妻子在他身邊，他抓住妻子就往山坡游，等到返回時，孩子已被洪水沖走了。

假如這個農民將這個先救誰的問題複雜化，事情的結果又會如何呢？

洪水襲來，妻子和孩子被捲進漩渦，片刻之間就要沒命了，而這個農民還在山坡上抉擇，救妻子重要呢，還是救孩子重要？也許等不到農民繼續往下想該救妻子還是救孩子的利弊，洪水就把他的妻兒都沖走了。

人們經常把一件事情想得非常複雜，在做事之前思前想後，再三權衡利弊。之所以常犯這種毛病，問題就出在「把一切複雜化」上，這樣就有意無意地為自己設置了許多「圈套」，在其中鑽來鑽去。殊不知解決問題的方法反而在這些「圈套」之外。

記住這樣一句話吧：聰明的人把複雜的事情簡單化，愚蠢的人常把簡單的事情複雜化。為什麼偏要和自己較勁呢？值得嗎？

## 有時你需要快刀斬亂麻

古波斯老國王想選一個繼位者。一天，他拿出一條打了結的繩子當眾宣布：解開此結者可繼承王位。應試者眾多，但誰也解不開。一位青年上前看了看，發現那是個根本無法解開的死結，他不去解了，而是拿刀去剁，刀落結開，眾人驚嘆不已。老國王讓人們去解解不開的結，用意顯然是考察應試者的

機智。這個青年的思路超出眾人之處，就在於他不是費力去解，而是想如何使之「開」。用刀去剁，不只表現了智，而且顯示了膽識。

　　這個故事告訴我們：面臨難解的死結時，有勇無謀不行，多謀寡斷也不行，要想避免當斷不斷帶來的危害，我們需要快刀斬亂麻式的決斷，就好像你原來置身於一個嘈雜混亂的場所，忽然有人把電燈一關，一切都在瞬間歸於寧靜，使你立刻感覺神清氣爽。你發現，原來剛才的一番混亂只是一種幻覺，而你那認為不可終日的煩惱也頓時消除。

　　關於一件事情的對與錯、是與非，不能當機立斷是很危險的。你認為有價值的、對自己有利的，就要當機立斷。你認為不符合自己利益的就乾脆不做。不論做任何事，只要認為應該做的就去做。如果有一天不想做了，就立刻退出或另謀出路。做任何事，優柔寡斷總是要吃虧的。何況世界上根本不存在什麼絕對的正確與絕對的錯誤。

　　華裔電腦名人王安博士，聲稱影響他一生的最大教訓發生在他 6 歲時。有一天，王安外出玩耍。路經一棵大樹的時候，突然有個東西掉在他頭上，他伸手一抓，原來是個鳥巢。他怕鳥糞弄髒了衣服，於是趕緊用手撥開。鳥巢掉在地上，從裡面滾出一隻嗷嗷待哺的小麻雀，他很喜歡，決定把牠帶回去餵養，於是連鳥巢一起帶回家。王安回到家，走到門口時，忽

然想起媽媽不許他在家裡養小動物。所以，他輕輕地把小麻雀放在門後，急忙走進屋內，請求媽媽的允許。在他的苦苦哀求下，媽媽破例答應了兒子的請求。王安興奮地跑到門後，不料，小麻雀已經不見了，一隻黑貓正在那裡意猶未盡地舔著嘴。王安為此傷心了好久。從這件事中，王安得到一個很大的教訓：只要自己認為對的事情，絕不可優柔寡斷，必須馬上付諸行動。

拳擊擂臺上正爆發著一場惡戰，波特與基恩正為拳王的榮譽而戰，基恩最後獲得了勝利。他在領獎臺上說了一句名言，至今令人回味：身為拳手，最忌諱的是優柔寡斷，看準了就重重一拳打去，那就是最好的選擇。的確，在拳擊擂臺上是沒有退路的 —— 不會給優柔寡斷者留下任何一條可逃脫之路！

現實生活中，最可憐可嘆可悲的，是那些一直遊蕩在思索中、徘徊不定的人，他們想上進，但他們不能使自己像火石一樣不屈不撓地直向目標、夢想飛去！總會在半途中遇到棘手問題時猶豫不決而耽誤解決問題的最佳時機！

有人喜歡把重要的問題留在一旁，等以後慢慢有機會再好好解決，這實在是種壞之又壞的習慣，假如你有這種習慣，應趕緊花大力氣，下苦功去練習一種敏捷而有決斷力的本事，無論你面對的問題多麼重大，需要你瞻前顧後，深思熟慮，你也不能沉浸在優柔寡斷中……或許，你的決斷雖不免有誤，但你

從中得到的經驗與好處便足以補償蒙受的損失！

　　在鴻門宴中，項羽因為優柔寡斷而錯失除去劉邦的大好機會，也為他日後死於非命埋下了禍根。成功永遠屬於那些該出手時就出手的人。

# 第八章
## 過了河只是一段新的開始

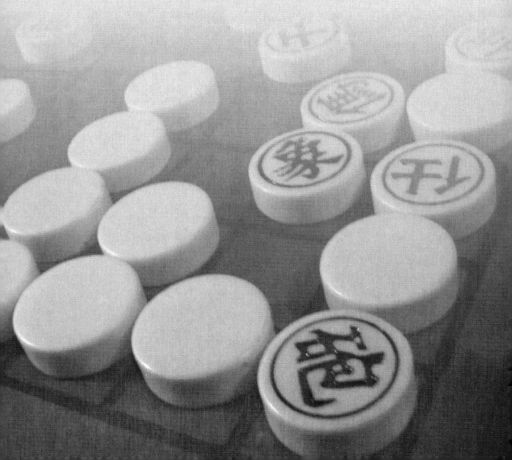

## ▶▶▶▶ 第八章　過了河只是一段新的開始

　　每一年、每一天，我們都在努力地朝著夢想奔跑，希望早點到達河那邊的青草地。終於，夢想成真了！

　　當夢想的陽光照進現實，我們在興奮之餘要告訴自己：成功只是另一段人生的開始。在新的、更大的人生舞臺，你要面臨新的、更大的挑戰。「成功」是個可大可小的字眼，成功包括升學，畢業，工作，結婚；成功包括一次旅行，一段經歷，一個嘗試；成功包括做個幸福的人。

　　人生沒有止境，努力不可停歇。你準備好了嗎？

不安於小成，然後足以成大器；不誘於小利，然後可以立遠功。 ——明代思想家方孝孺

成就是結果，而不是目的。 —— 法國現實主義作家古斯塔夫‧福樓拜

偉大的事業需要始終不渝的精神。 —— 法國啟蒙思想家伏爾泰

## ▌過了河只是拉開成功的帷幕

　　不少中學時代發奮學習的聰明學生，在考上理想的大學後，原先的學習熱情會蕩然無存，在大學裡忙著「享受」這個那個。結果，一部分變得平庸，一部分甚至連順利畢業都成問題。是什麼讓這些優秀的學子出現這麼大的變化。教育專家認為：那些上大學之後徹底鬆懈的學生，他們中學時的目標僅是考上自己理想中的大學，建立這個目標本身並沒有什麼錯，但他們錯就錯在上了大學後，沒有及時調整目標；結果，那些認

為實現了人生目標後又沒有建立新目標的人，就會出現上述行為的偏差。為此，教育專家告誡年輕學子：考上理想的名牌大學只不過是人生的一個階段性目標，實現這個目標之後，還要為自己的下一步建立目標，否則就會因失去目標而盲目行動。

為了到達夢想中的彼岸，我們曾努力地奔跑，受過不少傷，流過很多血、汗與淚。現在，努力與付出終於有了結果，站在成功彼岸，我們情不自禁地歡呼與激動。一些人在實現目標的短暫興奮過後，內心會產生一種疏懶與茫然。但是，他應該體認到，為過河而過河，沒有什麼重要的意義。過河只是說明你達到了一個新的程度，並且是為了尋找一個更大的舞臺，在那個更大的舞臺上學習本領、施展自己最大的潛力。

巴西著名足球明星比利在足壇初露鋒芒時，記者問他：「你的哪一個進球踢得最好？」他回答說：「下一個！」而當他在足壇上大紅大紫，成為世界球王，已踢進 1,000 個球之後，記者又問他同樣的問題時，他仍然回答：「下一個！」在事業上大凡有所建樹的人都與比利一樣有著永不滿足、不斷進取的精神。馬克思曾經說過：「任何時候我都不會滿足，讀的書越多，就會越深刻地感到不滿足，也就越感到自己知識貧乏。科學的奧祕是無窮的。」人生的價值在於不斷進取，在這方面，無數成功者為我們建立了光輝的典範。

許多取得舉世聞名傑出成就的人都是生命不息，奮鬥不

# ▶▶▶▶ 第八章　過了河只是一段新的開始

止。如果他們淺嚐輒止，或滿足於已經取得的成績，那麼莫里哀即使寫出一、兩部成功的作品，也不會讓世人留下這麼深刻的印象；道爾頓（John Dalton）即使在某些學科有所建樹，也不會在氣象、物理和化學三門學科都做出這麼大貢獻；雷文霍克（Antoni van Leeuwenhoek）即使發明了顯微鏡，也發現不了使他永垂青史的生物細胞。

有了進取心，我們才可以充分挖掘自己的潛能，實現人生的價值，充分享受人生的甘美；我們才能把住命運的脈搏，把挫折當做音符，譜寫出人生的激情之歌；我們才能讓自己的生命中時刻充滿青春的激情和朝氣。

進取心是人類智慧的泉源，它就好像從一個人的靈魂裡，高高豎起在這個世界上的天線，可以透過它不斷接收和了解各方面的資訊。它也是威力最強大的引擎，又是決定我們成就的標竿，還是生命的活力之源。

有了進取心，我們才能像俄國作家保爾·柯察金（Pavel Korchagin）那樣在死神和病魔面前保持「不因碌碌無為而羞愧，不因虛度年華而悔恨」的從容和自信，在生命中時刻充滿青春的激情和朝氣。

進取心還能塑造出一個人的靈魂。我們每個人所能達到的人生高度，無不起始於這種內心的狀態。

不管我們過去有多少榮耀，也不管今天我們有多少本錢，我

們都沒有理由停步。背上行囊，為人生的下一個高峰而啟程吧！

　　卒子的命運有三種：第一種命運是，兩軍爭戰正匆忙，誰也沒注意到這個小卒的存在，戰爭結束了，小命還在；第二種命運是，兩軍戰鬥非常激烈，車輪滾滾，炮聲隆隆，卒子成了絆腳石，一開戰就犧牲了，連個追悼會都沒有；第三種命運是，不甘心受命運的安排，要出人頭地，要當將軍，於是找機會過河去！

## 有福同享，有難同當

　　有一天，兩個朋友一起趕路，他們在森林裡邊走邊聊，商量著合夥做生意的事。忽然，他們其中一人發現草叢中有樣東西閃閃發亮，便好奇地走過去，彎下腰，原來，是一把閃亮的金子。

　　「瞧，我撿到了什麼？」他舉起一塊金子，興高采烈地嚷道。「正好可以用它來翻修我的房子。」

　　沒想到，他的同伴聽了以後卻非常不開心，當即拉長了臉，冷冷地糾正說：「別說『我』，要說『我們』撿到了一塊金子。」他為同伴的話大吃一驚，怔在那裡，半晌才結結巴巴地分辯道：「可是，金子是我看到和撿到的。」

　　兩人默默繼續上路，不一會兒，遺失金子的人從後面追趕上來，嘴裡喊道：「誰偷了我的金子。」這時，那個撿到金子的

人嘆了口氣說：「看來我們遇到麻煩啦！」

他的同伴聽了，轉過頭對他說：「別說『我們』，要說『我』遇到麻煩啦！因為當初撿到金子的時候，你並沒有說金子是我們一起撿到的。」

有道是：「有福同享，有難同當」。一個人若「有福獨享」，又怎能要求他人與你「有難同當」？

## 苟富貴，勿相忘

《史記》中〈陳涉世家〉曾記錄陳勝貧賤時的一段往事：陳勝字涉，少時曾是一個佃戶，靠傭耕維持生活。有一次，他與其他佃戶在田壟上休息，惆悵惱恨許久後說道：「苟富貴，勿相忘」。這句經典名言的意思是：「如果將來我富貴了，一定不會忘記你們的。」其他佃戶笑著回答：「你一個做佃戶的種田佬，哪裡來的富貴？」陳涉於是說出另一句經典名言：「嗟乎，燕雀安知鴻鵠之志哉！」意思是：「唉，燕雀怎麼知道鴻鵠的凌雲之志呢！」

公元前 209 年，陳勝和吳廣在大澤鄉斬木為兵，揭竿而起。陳勝自立為王建立了「張楚政權」。陳勝當了王之後，以陳縣為國都。從前一位曾與他一起被僱傭為人耕田的夥計聽說他做了王，來到陳縣，敲著宮門說：「我要見陳涉。」守宮門的士兵要把他捆綁起來，經他反覆解釋，才放開他，但仍不肯為

他通報。等陳王出門時，這個故交攔路呼喊陳涉的名字。陳王聽到後才召見了他，與他同乘一輛車子回宮。這個故交在宮中出出進進隨便放肆，常對人講陳涉從前一些不太體面的舊事。有人就對陳王說：「您的客人愚昧無知，專門胡說八道，有損您的威嚴。」陳王就把來客殺了。從此之後，陳王的故舊知交都紛紛自動離去，再也沒人敢親近陳王。

故交固然有失禮之處，但這無非是鄉野粗鄙之輩的糊塗而已，怎麼也「罪不至死」啊。這個聲稱「苟富貴，勿相忘」的陳勝，不僅沒有擺脫「人一闊臉就變」的市儈心態，而且還真敢下狠手。

這樣的人，富貴能持續多久呢？ —— 據太史公的記載：他稱王總共也就六個月的時間。公元前 209 年造反，略有聲勢不久就因為利益紛爭而陷入內鬥，竟連和他一起起事的吳廣都殺了。吳廣本是和他共患難、同生死的人，陳勝這樣的處世之道，注定成不了大器。果然，在他起義一年後的公元前 208 年，陳勝自己也被手下所殺。

魯迅所說的「人一闊臉就變」，說的就是有些人一旦有錢，尾巴就會翹起來，不知自己姓什麼了。歷史上這種例子司空見慣，共患難容易，共富貴就難了。人富貴了，生活圈子的不同，難免會造成貧賤之交在嗜好、志趣上的差異。客觀地說，假若你貴為大老闆，昔日舊友還是個擺地攤的小販，兩人

之間的話題除了偶爾的敘舊外，也許不會有多少共同話題。但所謂的「貧賤之交不能忘」，並不是指你們還要像以往那樣經常在一起。「不能忘」重在心態，地位高了心態要平，不要給人居高臨下的感覺。倘有餘力，應該對故交給予一些物質、機遇或精神上的幫助。很多時候，一句話、一個微笑，甚至點頭示意，也能將你「不忘舊情」的意思傳達出來。

此外，有一點還得說明：我們說的「貧賤之交不能忘」，是不忘「貧賤」的疾苦，體諒窮朋友的困難，盡力給予幫助，而不是無原則地「拉兄弟一把」。那種拉幫結夥，「獨私故人」，「一人得道，雞犬升天」式的做法，是應當反對的。不能因為某某曾和自己交過朋友，就認為他的水準一定高過別人，就非受重用不可，否則就被責之以忘卻故舊交，這顯然也是不值得提倡的。

貧賤之交不能忘，糟糠之妻不下堂。過河拆橋與人一闊就變臉的做法，會讓幫過你的人心冷，同樣也令將來有可能幫助你的人齒寒。

## 善待患難與共的兄弟

人人都希望自己能將事業做大，畢竟人們之所以苦心積慮，心中少不了有或多或少的功利之心。你有功利之心，別人也有，本無可厚非。你的事業之所以能輝煌，必定少不了其他

人的鼎力相助。因此，在你功成名就之時，絕不可怠慢了那些曾與你患難與共的兄弟。有力大家出，有利你獨享，其結果是不消多久，你就會步入眾叛親離的境地，最後獨吞苦果。

曾國藩是近代史上著名的強人，他的權謀功夫可謂一流，麾下人才濟濟，托起了他這艘大船。曾國藩曾利用幕府訓練與培養出大批人才，並委以重任，保舉高官，以至「薦賢滿天下」。就是這樣，連推薦別人當官也能成為曾國藩吸引人才、鼓舞士氣的主要手段之一。

曾國藩從軍之初，對這點體會並不深刻，「不妄保舉，不亂用錢，是以人心不附」。如咸豐四年（1854 年），曾國藩帶兵攻下武漢，「僅保三百人」，受獎人數僅占百分之三。咸豐五、六兩年保奏三案，合計僅數百人。而胡林翼攻占武漢的一次戰役，即保奏「三千多人」，受獎人數竟高達百分之二、三十。消息傳開，不少人認為謀求官職「投曾不如投胡」，曾國藩挽留不住的人才紛紛投奔到胡林翼門下。剛開始，曾國藩還以為是自己德不足以服眾，後來漸漸發覺主要是保舉太少，使人感到升遷無望所致。回顧往事，亦甚感對不住李元度、甘晉等同自己患難與共的屬僚，他們長期沉於下位，實與自己保舉不力有關。對此，好友劉蓉多次向曾國藩進言，並舉楚漢之爭為例。曾國藩對此深有所觸，後來，趙烈文又上書懇切進言，曾國藩立即改弦更張。

# ▶▶▶▶ 第八章　過了河只是一段新的開始

　　趙烈文說：「閣下愛賢好士，天下所共知。遠者可無論，僅左右人士屈指可數者，是士負閣下邪？還是閣下以為無益而棄之邪？我以為知之不難，而忘之實難。泰山之高以其不棄糞壤，滄海之大以其不拒濁流。天下分崩，人志日囂，凡其器能略過儕輩，咸思奮自樹立，四顧以求因依，真偽雖不一端，未嘗無也。苟非賢傑以天下為己任，流俗之情大抵求利耳。使誠無求，將銷聲匿跡於南山之南，北山之北，又肯來為吾用邪！是以明君給人之欲，不失其意；責人之力，不求其情，故人人自以為得君，頂踵思效，合眾人之私以成一人之公，所以能收效也。」

　　趙烈文的話講得入情入理，尤其是「合眾人之私以成一人之公」，令曾國藩為之動容，於是，「揣摩風會，一變前志」，從咸豐十一年（1861 年）起開始效法胡林翼，大保幕僚，不再拘於舊例。

　　幕僚追隨幕主，出謀劃策，出生入死，曾國藩自然酬以實惠，這也是趙烈文所說的「合眾人之私以成一人之公」的意思。但曾國藩奏保幕僚是有條件的，那就是要確實為他幹事，不怕艱難，不講條件，否則，他定是不肯保舉的。

　　曾國藩一生舉薦人才甚多，其中很大一部分屬於他的幕僚。據記載，曾國藩幕僚有 400 餘人，其中絕大多數人受過他的保舉。可以說，凡為其幕僚者幾乎人人都有頂戴，即使不是

待補的實缺，也有候補、候選、記名之類的名堂，無此資格者反倒為數極少，成為鳳毛麟角。而獲得實任者，更是直接間接地借助於曾國藩的舉薦之力，幕僚中 26 名督撫、堂官，50 名三品以上大員，以及難以計數的道、府、州、縣官員，多受過曾國藩的保舉，有的甚至一保再保，不止一次。

自己獲利，也要讓別人得益 —— 這就是所有成大器者必須遵守的鐵則。否則，就只能成就一時，不能成就一世。眾人拾柴火焰高，你將眾人拾來的柴火煮了一鍋飯自己吃了，不懂得分享，將來誰還會樂於幫你再次拾柴？

## 得勢不要得意忘形

當你身為卒子時，不要自卑；當你過河略有成就時，不要自詡。曾國藩是讀書人中的「內聖外王」典範。他是進士出身，在剿殺太平天國的戰鬥中成為清廷的「中興名臣」。他曾奉旨署湖北巡撫賞戴花翎，奉署兩江總督，兼欽差大臣，功名達到頂峰。曾國藩常吟詠的格言是：「盛時常作衰時想，上場當念下場時」，追求的境界是：「花未全開月未圓」。55 歲時，戰亂已彌，曾國藩受到加官晉爵的嘉獎，一時權傾朝野，他卻請求解除本兼各職，註銷爵位，甘當平民百姓。曾國藩之所以如臨深淵，如履薄冰，瞻前顧後，委屈自守，上避功高蓋主，下免嫉妒生壞，所以他最終能夠全身遠禍。

## ▶▶▶▶ 第八章　過了河只是一段新的開始

　　胡惟庸是元末明初人，鳳陽府定遠縣（今屬安徽）人。早年隨朱元璋起兵，頗受寵信，歷任元帥府奏差、寧國知縣、吉安通判、太常少卿等職。洪武三年，他官拜中書省參知政事。又過了三年，任右丞相；後升至丞相，官階可謂一人之下、萬人之上。

　　隨著權勢的不斷增大，胡惟庸日益驕橫跋扈。洪武十一年，胡惟庸的兒子在大街上跑馬踩死了人，朱元璋感覺胡惟庸一家太不像話，一定要將其子處死，堅絕不許用重金贖取性命。兩年後，朱元璋又以謀反的罪名將胡惟庸處死，株連九族。

　　胡惟庸真的謀反了嗎？〈明史‧胡惟庸傳〉裡清楚記載著：「唯庸既死，其反狀猶未盡露。」就是說，胡惟庸被處死的時候，他謀反的罪行還不清楚。胡惟庸的罪狀就像故事傳說的一樣，逐步添枝加葉，越到後來越顯得完整。他的罪狀包括：謀刺徐達；毒死劉基；與李善長勾結往來謀逆；通倭，甚至派遣明州衛指揮林賢下海勾結日本，欲借兵為助；通蒙古，派遣元故臣封績致書元嗣君稱臣，並約為外應，等等。經過史家考證，胡惟庸的上述罪狀多屬捕風捉影之詞。

　　得勢不要忘乎所以，身處高位而倚仗權勢，足以引來殺身之禍。胡惟庸、石亨就是這樣。歷史上，還有很多官員有當官的能力卻不謙虛，以致引來殺身之禍，盧柟、徐渭就是這樣；

積財而不散，足以招殺身之禍，沈季、徐百萬就是這樣；恃才妄為，足以招殺身之禍，楊修、陸成秀就是這樣。這些人的後果都是一旦得勢便猖狂，不懂得「虛己處世」低調做人造成的。

鯤鵬歇息六個月後，振翅高飛，能扶搖直上九萬里。若是位高權重不懂得機心止息，那就會不撲則蹶，所以說常知足不會受辱，常知止沒有危險。貴極徵賤，賤極徵貴，凡事都是如此。到了最極端而不可再增加，勢盡反輕。處於局內的人，應經常保留迴旋的餘地，伸縮進退都能自如，就是處世的好方法。

能夠虛己的人，自然能隨時培養自己的機心止息，處處保留迴旋的餘地，不僅能力保全身進退，而且還可以培養自己的度量。

虛己處世，千萬要做到「求功不可占盡，求名不可享盡，求利不可得盡，求事不可做盡」。如果自己感覺到處處不如人，便要處處謙下揖讓；自己感覺到處處不自足，便要處處恬退無爭。

虛，就能容納萬事萬物；無，就能生長，就能變化；柔，就能不剛而圓融；弱，就能不爭勝而可持守。隨著時間的推移，能不斷地變化而自省，順應萬物，和諧相宜。虛己待人就能接受他人，虛己接物就能容納萬物，虛己用世就能轉圜於世，虛己用天下就能包容天下。

## ▶▶▶▶ 第八章　過了河只是一段新的開始

　　虛己的能量，大的方面足以容納世界，小的方面也能保全自身。虛戒極、戒盈，極而能虛就不會傾斜，盈而能虛就不會外溢。

　　新鳳霞是一代評劇皇后。她生於 1927 年，6 歲起師從堂姐學京劇，13 歲拜師改學評劇，一年後即在《點秋香》、《打狗勸夫》、《花為媒》、《杜十娘》等劇中擔任主角。從此在江湖上揚名立萬，到處趕場子、跑碼頭。新鳳霞曾說：唱戲的要給別人留飯。她回憶說，過去她火爆的時候，一個月總要歇幾天，好讓別人的場子也多一些人。新鳳霞說的「要給別人留飯吃」，其實就是一種得勢不放縱自己的處世方法。

　　人在得志得勢時切莫忘乎所以，要能內斂自謙；人在有福可享時不要虛擲錢財，應克勤克儉。這，便是立身處世的不敗法則。

　　曾國藩酷愛讀書，志在功名。功與名，是曾國藩畢生所執著追求的。他認為，古人稱立德、立功、立言為三不朽。為保持自己來之不易的功名富貴，他又事事謹慎，處處謙卑，堅持「花未全開月未圓」的觀點。因為月盈則虧，日中則昃，鮮花完全開放了，便是凋落的徵候。因此，他常對家人說，有福不可享盡，有勢不可使盡。他稱自己「平日最好昔人常說的『花未全開月未圓』七個字，以為惜福之道、保泰之法」。此外，他「常存冰淵惴惴之心」，為人處世，必須常常如履薄冰，如臨深

淵，時時處處謹言慎行，才不致鑄成大錯，招來大禍。他總結自己的經驗教訓，說道：「余自經咸豐八年一番磨練，始知畏天命、畏人言、畏君父之訓誡。」還有，他始終認為：「天地間唯謙謹是載福之道。」他指出：趨事赴公，則當強矯；爭名逐利，則當謙退。開創家業，則當強矯；守成安樂，則當謙退。出與人物應接，則當強矯；入與妻奴享受，則當謙退。若一面建功立業，外享大名，一面求田問舍，內圖厚實，二者皆盈滿之象，全無謙退之意，則斷不能長久。

位低不自卑，身高莫自詡。窮則獨善其身，達則兼濟天下，是為君子之風、大器之象。

## 身居高位要留退路

有勢不可用盡，有理不可占盡。與人相處得理時，處於強勢的你千萬別咬住別人不放，得饒人處且饒人，尤其那些非原則的小事不要太認真，免得自己仇敵四立。如此，富貴才能長久。將局面做大、身居高位的人，應該未雨綢繆，為自己巧設退守之子。古時候，有個人叫孟嘗君，手下有 3,000 食客，其中有相當多的賢人。其中有一位叫馮諼的食客，看不出他有什麼特殊的才能，外表又令人不敢恭維。僕人告訴孟嘗君不該養他，但是孟嘗君並未對他不敬。

馮諼本事不怎麼樣，需求卻挺高。他嫌伙食不好，經常抱

怨：「我沒有魚肉吃呀。」這話傳到孟嘗君的耳中，孟嘗君立刻下令給他魚肉吃。後來馮諼又抱怨：「我沒有車馬乘呀。」傳到孟嘗君耳中，孟嘗君又下令給他車馬。後來馮諼又抱怨說他家鄉的老母親沒有車馬，孟嘗君也毫不遲疑地下令給他家鄉的老母親安排車馬。

　　孟嘗君在薛地的地租一直很難收，孟嘗君問他的 3,000 食客中有誰願意去收？這時卻無人敢應答，只有馮諼自告奮勇對孟嘗君說：「我可以替您去。」

　　出發前馮諼問孟嘗君：「這次去需要帶什麼東西回來嗎？」

　　孟嘗君說：「你看我缺什麼，就給我帶什麼吧！」

　　馮諼到了薛地，發現薛地的老百姓非常貧窮，久旱成災，收成很不好，繳不起地租。他決定不收這些地租，同時還燒了借據。這時，薛地的老百姓都非常高興，熱烈地歡呼。

　　當馮諼回來後，孟嘗君問他：「你替我買了什麼回來？」馮諼說：「我替你買了『義』字！」孟嘗君又問他：「那你地租收回來沒有？」馮諼說：「沒收回來。」孟嘗君很生氣：「你不但地租沒收回來，還說替我買了什麼『義』字，我非常不理解！」

　　孟嘗君後來被小人陷害，無法繼續待在君主身邊。當他告老還鄉回到薛地時，看到薛地的老百姓在城門前夾道歡迎他，

對他非常尊敬。他晚年過著非常舒適的生活,成為家鄉眾人的領袖。這時孟嘗君才知道,當初馮諼為他買的「義」字有何作用。

　　人在得勢之時,或許只需付出九牛一毛之心力與財力,即可為自己謀一條退路。這條退路,在你失勢之時,大到能救你身家性命,小到能保你衣食無憂,何樂而不為呢?畢竟,花無百日紅,上山的人終究有下山的那一天。

　　樂不可極,樂極生悲;欲不可縱,縱慾成災。事盛則衰,物極必反。酒飲微醉處,花看半開時。

▶▶▶▶ **第八章　過了河只是一段新的開始**

# 第九章
## 如果不幸被困河中

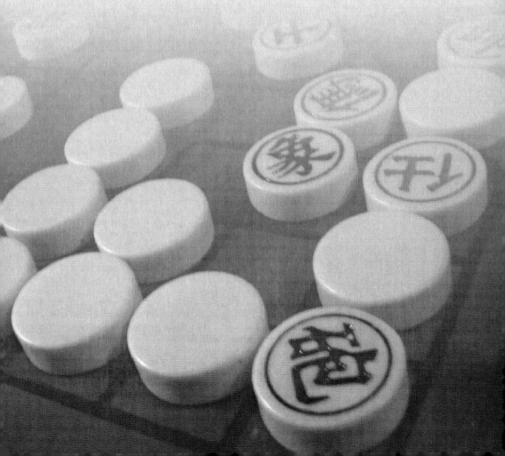

## ▶▶▶▶ 第九章　如果不幸被困河中

譚嗣同曾經說過：「人生在世，天必有困之：以天下事困聖賢，以道德文章困士人，以功名困仕宦，以貨利困商賈，以衣食困庸夫。」或許，這就是真實的人生，誰也無法逃脫。

從來就沒有一帆風順的人生。人生的風雨是立世的訓喻，生活的困局是淘金的篩子。強者在困難中磨礪成材。弱者在困難中落魄潦倒。

斯巴昆說：「許多人一生之所以偉大，那是來自他們所經歷的大困難。」精良的斧頭、鋒利的斧刃是從爐火的鍛鍊與磨削中得來的。有些人具備「大有作為」的才智，但由於一生中沒有與「逆境」搏鬥的機會或勇氣。沒有充分的「挫折」磨練，未能激起其內在的潛能而終生沒沒無聞。

逆境是我們的仇敵，但有時也會是恩人。逆境可以鍛鍊我們「克服困難」的種種能力。自然界的大樹，不與暴風驟雨搏鬥過千百回，樹幹不會長得結實。人不遭遇種種逆境，他的人格、本領也不會成熟。一切磨難、憂苦與悲哀，都是足以助長我們、鍛鍊我們的「催化劑」。

最困難之時，就是我們離成功不遠之日。──古羅馬軍事統帥尤利烏斯・凱薩

灰心生失望，失望生動搖，動搖生失敗。──英國哲學家弗朗西斯・培根

偉大的人物都走過了荒沙大漠，才登上光榮的高峰。──法國批判現實主義作家巴爾札克

別人放手，他仍然堅持；別人後退，他仍然前衝；每次跌倒，立刻站
起來 —— 這種人一定沒有失敗。 —— 法國作家維克多‧雨果

成功的祕訣很簡單，無論何時，不管怎樣，我都絕不允許自己有一點
點灰心喪氣。 —— 美國發明家湯瑪斯‧愛迪生

## 像瘦鵝一樣忍飢耐餓

歲月的驚濤一浪推一浪，不堪重負的生命要接受多少的失
意與磨難？

倘若我們在失意時渾渾噩噩、一蹶不振，只會失意又失
志，最後失去自己的前程。而如果我們沉下心、挺直腰，像彈
簧一樣收縮自己的高度但積蓄著能量，只等機會出現就能再次
崛起。因為有挫折才會奮起，不要因一次挫折而折斷人生奮進
的脊梁。

「人在失意之時，要像瘦鵝一樣能忍飢耐餓，鍛鍊自己的
忍耐力，等待機會到來。」這就是有過一段養鵝經歷的「台塑」
董事長王永慶帶來的重要啟示。

在抗戰時期，由於糧食不足，鵝飼料極為缺乏，因此，只
得讓牠們在野外吃野草。一般說來，鵝養了 4 個月後，就有
五、六斤重了，可是，當時養的鵝，由於只吃野草，4 個月下來
仍只有兩斤重。

王永慶買下許多瘦鵝，然後用上市前剩下的捲心菜葉餵
牠們（這是當時一般人沒想到的）。兩斤重的瘦鵝，經過他兩

## ▶ ▶ ▶ ▶ 第九章 如果不幸被困河中

個月的用心飼養，居然能重達七、八斤，而且非常肥。究其原因，是因為瘦鵝具有頑強的生命力，不但胃口奇佳，而且消化力極強，所以只要有東西吃，牠們立刻就能肥起來。

美國前副總統亨利·威爾遜（Henry Wilson）這樣說：「我出生在貧困的家庭，當我還在搖籃裡牙牙學語時，貧窮就已露出它猙獰的面孔。我深深體會到，當我向母親要一片麵包而她手中什麼也沒有時是什麼滋味。我在10歲時就離家遠走異鄉，當了11年的學徒工，每年可以接受一個月的學校教育。最後，在11年的艱辛工作後，我得到一頭牛和六隻綿羊作為報酬。我把牠們換成了84美元。從出生到21歲那年為止，我從來沒有在娛樂上花過1美元……」

在窮困潦倒中，威爾遜就像瘦鵝一樣忍耐著。他無時無刻不渴望著一個機會，而只要機會一來臨，他注定會像餓極的瘦鵝一樣，撲在機會身上將自己吃得滾圓肥壯。在他21歲那年，他離開農場徒步100英里（約161公里）到麻塞諸塞州的內蒂克去學皮匠手藝。一年後，他在一個辯論俱樂部裡脫穎而出，12年後，他與著名的查爾斯·薩姆納（Charles Sumner）平起平坐，進入了國會。

縱觀人類歷史上許許多多的偉大和傑出人物，他們中的相當一部分曾經有過艱辛的童年生活，甚至還備受命運的虐待，但強者總是善於找到生命的支點。他們及時調整自己的心態，

堅忍地承受生活的艱辛，在一貧如洗的歲月裡安然走過，並用恆久的努力打破重重圍困，在脫離了貧窮困苦的同時也脫離了平凡，造就了卓越與偉大。

面對失意，不能失志。燕子去了，有再來的時候；楊柳枯了，有再綠的時候；桃花謝了，有再開的時候⋯⋯

人生在世，天必有困之：以天下事困聖賢，以道德文章困士人，以功名困仕宦，以貨利困商賈，以衣食困庸夫。

## 不同逆境的應對方式

對於人生逆境，並非如某些勵志書上聲稱的那樣「只要有勇氣與決心就沒有闖不過的關」。事實上，我們在應對逆境時，需要尊重客觀現實。在現實中，人生逆境大致可以分為以下三種形態。

### ■ 心中的逆境

對於要求過高的人來說，他們每時每刻都會處於逆境中。吃要山珍海味、穿要綾羅綢緞、住要花園洋房、坐要名貴轎車、妻要國色天香、兒要聰明伶俐、財要富可敵國⋯⋯想想看，這樣的高標準在普天之下有幾人能夠達到？毫無疑問，在追求這些的過程中，必定到處碰壁，心為形役，苦不堪言。

有些人以爭取高水準為榮，強迫自己努力達到一個可望而不可即的目標，並且完全用成就來衡量自己的價值。結果，他

們就變得極度害怕失敗。他們感到自己時時刻刻都受到鞭策，同時又對自己已取得的成就不滿意。

　　一個剛出校門不到兩年的年輕人，他感覺自己的生活簡直一無是處：「連一間房子也沒有，害得我連女朋友都不敢交！」他也不想想：像他這種剛出校門的年輕人，有幾人能有自己的房子。再說，找女朋友和房子之間的關係真的那麼密切嗎？我們可以想像，這樣的人即使有了房子與女友，也會認為自己身處不幸之中：房子不夠大、女友不夠漂亮……這種人一輩子都生活在自己內心的逆境當中，除非他懂得從「高標準」的心態中走出來。

　　這類存在於人心中的逆境，其實只不過是一種虛擬的逆境。本來並未身處逆境，只是自認為身處其中而已。

### ■ 激勵性逆境

　　人在躍過一道壕溝時，總會下意識地後退幾步，給自己一個卯足勁的準備動作，然後奔跑，衝刺，起跳，完成跨越。這類逆境就是發揮這樣的作用，它告訴我們，我們即將面臨人生的一個騰飛跨越，因此必須停下來，做好充分的心理準備，集中自己全部的能量，然後蓄勢而發，實現一次人生飛躍。

　　面對這樣的逆境，我們要做的就是運用全部的力量去打敗它。許多偉人正是看到衝破這類逆境後的巨大成功，所以他們才不遺餘力地去戰勝這樣的逆境，並且最終獲得非凡的成就。

## ■ 保護性逆境

由於人們思考和能力的局限性，我們常會走上錯誤的歧途，這時，亮著紅燈的逆境就是一種警示，使我們意識到前面的危險，回到正確的道路上來。比如，臭氧層的破壞導致大自然對人類產生了報復，從中我們意識到生態平衡的重要意義。於是我們開始治理環境，消除汙染，大力實施環保措施，以使我們能在一個和諧的環境裡健康生存。有時，身體的疾病、夫妻不和、朋友間的疏遠等，也是一種這樣的逆境。讓我們時常反思自己，是不是自己正在追求一種與自己的真愛相違背的東西，是不是我們正在做一件損人又害己的事。

對於這樣的逆境，我們必須認真接受它給我們的警示，不能一意孤行，否則，最後不僅不能成功，還會導致自己的慘敗，甚至還會連累家人和朋友以及所有愛我們的人。所以，我們也可以稱這類逆境為保護性逆境。

曾經一度在媒體上熱炒的某女孩狂追偶像劉德華，她一家從賣房捐腎的鬧劇最後發展到父親跳海自殺的悲劇，其中的種種逆境都在警示當事人不要一條路走到黑。但當事人就是一意孤行，最終陷入家破人亡的更大逆境當中，真是可悲可嘆。

上述三種逆境的形態，最難做到的是如何準確區分。天下沒有兩個完全一樣的逆境，在這裡，誰也無法開列出一個詳細的區分「手冊」。能給出的是思考的方向，其他具體細緻的工

## ▶▶▶▶ 第九章　如果不幸被困河中

作只能由你自己來做。一旦找到自己所面臨的逆境形態，突破逆境就成功了一半，而這全憑自己去悟。

逆境並不表示你就是個失敗者，而是意味著你目前還沒有成功。逆境並不代表著你一無所獲，只是意味著你得到了教訓。

### 超越苦難，屢敗屢戰

他是個拓荒者的兒子，童年黯淡無光，長大後，因為不得體的穿著，一直受到別人的譏諷與欺侮。讓我們看看他一生的苦難與榮光：

1816 年，家人被趕出居住的地方，那年他只有 7 歲。

1818 年，年僅 9 歲的他永遠失去了母親。

1831 年，他經商失敗。

1832 年，他競選州議員沒有成功。同年，他的工作也丟了，想就讀法學院，但又進不去。

1833 年，他向朋友借了些錢，再次經商，但年底就破產了。接下來他花了 16 年的時間，才把欠債還清。

1834 年，再次競選州議員，這次命運垂青了他，他贏了！

1835 年，訂婚後即將結婚時，未婚妻卻死了，因此他的心也碎了。

1836 年，精神完全崩潰的他，臥病在床 6 個月。

1838 年，爭取成為州議員的發言人，沒有成功。

1840 年，爭取成為選舉人，沒有成功。

1843 年，參加國會大選，沒有成功。

1847 年，他身為輝格黨的代表，參加國會議員競選，成功當選。

1848 年，尋求國會議員連任，沒有成功。

1849 年，他想在自己的州內擔任土地局長的工作，但被拒絕。

1854 年，競選美國參議員，沒有成功。

1856 年，在共和黨的全國代表大會上爭取副總統的提名，但得票不到 100 張。

1858 年，再度競選美國參議員，還是沒有成功。

1860 年，當選美國總統。

這個人的名字叫亞伯拉罕·林肯（1809~1865 年），美國第16 任總統。林肯是美國最偉大的總統之一，但他更是一個從種種不幸、失落中走出來的堅強的人。如果不是因為具有那種面對苦難、堅強應對的精神，他就不會在經歷了如此多的打擊之後，還能進駐白宮。

1860 年，林肯被共和黨提名為美國總統候選人，11 月 6日，林肯當選為總統。林肯當選總統是對南方奴隸制的一個致命打擊。奴隸主為挽救奴隸制，南部七個蓄奴州宣布成立「美

## ▶▶▶▶ 第九章　如果不幸被困河中

利堅同盟國」，並組成軍隊製造分裂。林肯在這種情況下，於3月4日宣誓就職。

　　剛學剃頭就遇上瘋子。林肯正式就職才1個多月，4月12日南部同盟就炮轟薩姆特要塞，用大砲向林肯發起挑戰。6月29日，林肯召開內閣會議，會議決定在7月21日於馬納薩斯與叛軍決戰。由於聯邦軍指揮不利而被叛軍打敗。10月下旬，聯邦軍再次被叛軍在包爾斯打敗，聯邦軍雖然接連失敗，但並未動搖林肯鎮壓叛亂的決心。1862年2月下旬，林肯命令聯邦軍分三路向叛軍進攻。聯邦軍在西線和南線都取得進展，而東線卻遭到慘敗，使華盛頓直接暴露在叛軍的威脅下。戰爭的失利引起人民的不滿，要求林肯採取措施，扭轉戰局。在人民的推動下，1862年林肯政府先後公布了《宅地法》和《解放黑人奴隸宣言》。獲得土地的農民和獲得解放的奴隸，紛紛拿起武器，投入反對叛亂的戰鬥行列中，使戰爭的有利因素在1863年7月轉到聯邦軍方面。1863年，林肯為了分化南方，著手制定重建南方的計畫。1864年美國進行總統選舉活動，林肯再次被選為總統。

　　林肯的奮進之路充滿坎坷。從一個農民成長為一個總統，他付出了常人難以想像的代價……但他從未停止前進，他以自己獨特的領導方式，保全了美國，解放了黑奴，成為美國最偉大的總統之一。有人曾為林肯做過統計，說他一生只成功過3

次，但失敗過 35 次，不過第 3 次成功使他當上美國總統。事實也的確如此。而最後使他得到命運的第三次垂青，或者說爭取到第三次成功的，完全是他的堅強。在他競選參議員落選時，他就說過：「此路艱辛而泥濘，我一隻腳滑了一下，另一隻腳因而站不穩。但我緩口氣，告訴自己，這不過是滑一跤，並不是死去而爬不起來。」

不停地超越苦難，在屢敗之後還能屢戰的人，是值得我們尊敬的人。談到「屢敗屢戰」這句話，怎麼也繞不過晚清的曾國藩。這個進士出身的文人，於 1852 年奉命回湘辦團練，團練初具規模後的前幾年，他唯一做得成功的一件事就是只打敗仗。從 1854 年練成水陸師出征，到 1860 年兵敗羊棧嶺，曾國藩可謂一敗再敗，小的敗仗不計其數，大的慘敗就有四場：1854 年湘軍初征就在岳州被太平軍打得落花流水；1855 年在江西鄱陽湖全軍覆滅，連自己的座船也被搶走；1858 年，部將李續賓率部血戰三河鎮，6,000 兵勇無一生還，三湘大地處處縞素；1860 年，李秀成破羊棧嶺，曾國藩在 60 里外的大營中寫好遺書、帳懸佩刀，以求一死，好在李秀成主動退兵了。

就像鳳凰從烈火中涅槃，這個被滿族大臣譏笑為「屢戰屢敗」的常敗將軍曾國藩，最終用他「屢敗屢戰」的勇氣與決絕，打到南京，用行動證明了自己是個強者。

能不費多大曲折就能成功的事，算不上大事。舉凡強者，

必有異於常人之大事業。而世間能稱為大事的事，豈可輕而易舉？好事多磨，不經過九曲十八彎，沒有「屢敗屢戰」的勇毅，幾乎沒有可能成為強者。

充滿傳奇色彩的美國石油大王洛克斐勒，在他的一生中，經歷過無數的打擊與挫折，如果他沒有選擇屢敗屢戰而是選擇放棄，那他就不會成為後來的「石油鉅子」了。美國的史學家對他百折不撓的品格給予很高的評價：「洛克斐勒不是個尋常的人，如果讓一個普通人來承受如此尖刻、惡毒的輿論壓力，他必然會相當消極，甚至崩潰瓦解，然而洛克斐勒卻可以把這些外界的不利影響關在門外，依然全身心地投入到他的壟斷計畫中，他不會因受挫而一蹶不振，在洛克斐勒的思想中不存在阻礙他實現理想的絲毫軟弱。」

自古英雄多磨難，從來紈袴少偉男。命運用苦難的篩子，將弱者篩除，留下強者。

## 輸得起才贏得起

當年越王勾踐兵敗被俘時，輸了江山，輸了王位，輸了尊嚴，真可謂輸個精光。但他表面上輸了就輸了，內心卻不認輸！他忍受各種難以想像的凌辱，方才換回自己的自由。是苟且偷生嗎？非也，他最終用吳王的鮮血洗刷了自己的恥辱。

還有一個例子。楚漢相爭時，劉邦很少占上風，老是被項

羽欺侮。劉邦先打下關中咸陽（秦都），按照原先的約定「先入關中者王之」，應該是劉邦當王。但項羽仗著手裡兵強馬壯，不遵守約定，就在彭城稱王。劉邦心裡有氣，但沒有辦法，只得忍氣吞聲裝傻認輸。項羽稱王不要緊，還一口氣封了18個諸侯，卻只給滅秦立了大功的劉邦一個小小的漢王，封地是當時邊遠的巴、蜀、漢中（漢中稍好）等地。劉邦還是沒脾氣，只得委曲求全，遠赴封地。劉邦輸得起。而等到後來劉邦勢強，將項羽追殺到烏江邊時，項羽輸不起了。輸了多沒面子，無顏見江東父老啊，於是用自殺的方式徹底毀滅了自己。一個輸得起，一個輸不起，境界不同，成就的事業也就有高下之分。

認輸比逞強需要更大的勇氣。慷慨赴死易，委曲求全難。也正是這個緣由，項羽才會自刎於烏江河畔。

韓國的三星電子現在是個國際知名品牌，其創始人李秉喆帶領三星走過無數坎坷方成大器。李秉喆並非神仙，他也有過重大失誤，三星之所以沒有深陷在失誤的泥淖裡沉沒，完全是因為李秉喆及時退出的勇氣與行動。在回顧他輝煌的一生時，李秉喆說過這樣一句話：「做事應該有上陣的勇氣，也要有及時退出的勇氣。」

李秉喆所謂的「退出的勇氣」，其實就是一種「認輸」的勇氣與智慧。三星經營原則中很重要的一點，就是既勇於開

## ▶▶▶▶ 第九章　如果不幸被困河中

拓，又勇於退出。李秉喆先生曾說過：「如果沒有 100% 的把握，那就不要上馬。一旦決定某個計畫，就要全力以赴。如果認為沒有勝算，那就趕快退出。」

1973 年，三星與日本造船業的巨頭 H 公司合作，在韓國慶尚南道買下 150 萬坪（1 坪約合 3.3 平方公尺）土地準備建造世界最大規模的造船廠。但當時由於石油危機，世界造船業陷入困境，有的客戶甚至放棄訂單，要求取消合約。三星一看行情不利，就毅然決定該項目暫時不上馬。後來，李秉喆先生回顧說：「如果當時那個造船廠上馬，對三星的打擊肯定非常巨大。做事應該有上陣的勇氣，也要有及時退出的勇氣。」

李秉喆的這次撤出雖然令自己「臉上無光」，卻避免陷入一場持續投資卻沒有多大回報的泥潭。李秉喆認為：若不及早撤出，大型造船廠將很可能成為三星公司的「滑鐵盧」，與其坐等因造船而全軍覆沒，不如另闢蹊徑，別處生花。

做事必須能屈能伸。只能屈不能伸的人是庸才，只能伸不能屈的是驕兵，都不能真正順應時勢，成就一番豐功偉業。無論做什麼事，在黎明前的黑暗一定要咬緊牙關挺住。但在實際操作中，有些事經過仔細分析後，斷無鹹魚翻生的可能。這時，唯有承認現實，保存實力。因此，「堅持」與「放棄」並不矛盾。他們是相輔相成，可以互補的。

當惡果已經釀成，我們除了接受，還能怎麼樣呢。要改變

是嗎？那也就是後來的事情了，我們先需要接受。當我們接受
了最壞的情況後，就不會再有什麼損失了。這盤棋輸了，我認
輸，我和你再來一盤。拿得起就要放得下，要不然就不要拿。
贏得起也要輸得起，要不然就不要去搏。

　　「在面對最壞的情況之後，」心理學家威利・卡瑞爾告訴
我們：「我馬上就輕鬆下來，感到一種好幾天來沒有經歷過的
平靜。然後，我就能思考了。」應用心理學家威廉・詹姆斯教
授（William James）曾告訴他的學生說：「你要願意承擔這種情
況，因為能接受既成的事實，就是克服隨之而來的任何不幸的
第一個步驟。」

## 逆境是自省的最好時機

　　「為什麼受傷的總是我？我到底做錯了什麼？」── 每一
個身處逆境中的人，都應該在腦海中多問自己幾個為什麼。

　　逆境之所以纏上自己，大部分的根源在於自己。比如說做生
意受了騙，根源在於自己的輕信；比如考研究所失利，根源在於
自己學業不夠精進⋯⋯治病要找到病源方能對症下藥，突破逆
境也需要透過自省找到導致逆境的根源，方能找到突破的途徑。

　　自省也就是指自我反省，透過自我反省，人可以了解、認
知自己的思想、意識、情緒與態度。一個人如果不懂自省，他
就看不見自己的問題，更不會有自救的願望。

## ▶▶▶▶ 第九章　如果不幸被困河中

沒有從來不犯錯的人，從來不二過的人也不多見。暫且不論是不是重複過去犯過的錯誤，就算這種經常反省的精神也十分可貴。

蘇軾寫過一篇〈河豚魚說〉，說的是河裡的一條河豚游到一座橋下，撞到了橋柱上。牠不怪自己不小心，也不打算繞過橋柱游過去，反而生起氣來，惱怒橋柱撞了牠。牠氣得張開兩鰓，脹起肚子，漂浮在水面上，很長時間一動不動。後來，一隻老鷹發現了牠，一把抓起牠，轉眼間，這條河豚就成了老鷹的大餐。

這條河豚，自己不小心撞上橋柱，卻不知反省自己，不去改正自己的錯誤，反而惱怒別人，一錯再錯，結果丟了自己的性命，實在是自尋死路。

那麼，人應該在什麼時候反省自己呢？

孔子的弟子曾子，關於自省有一段著名的論述：「吾一日而三省吾身，為人謀而不忠乎？與朋友交而不信乎？傳不習乎？」曾子告訴我們，每天要三省，從三個方面去檢查自己的思想和言行：一是反省謀事的情況，即對自己所承擔的工作是否忠於職守；二是反省自己與朋友的交往是否信守諾言；三是反省自己是否知行一致，即是否把學到的知識身體力行。

總之，要透過自省從思想意識、情感態度、言論行動等各方面去深刻了解自己、剖析自己。

　　「一日三省」是一種為人處世的高標準、嚴格要求，而「身處逆境時自省」則是做事的底線。明代紹興名人徐渭有一副對聯：「讀不如行，試廢讀，將何以行；蹶方長智，然屢蹶，詎云能智。」這副對聯，科學地闡述了理論與實踐、失誤與經驗的辯證關係。上聯是說實踐出真知，理論指導行動。下聯「蹶方長智」，蹶是指摔倒，不能摔倒後一蹶不振，而應當「吃一塹，長一智」。有人認為「吃一塹」與「長一智」之間存在必然性，那就錯了。並不是吃一塹就一定能長一智，而是吃一塹有可能長一智。這種可能要轉變為必然性，必須要有個條件，那就是要從失誤中總結教訓，積累經驗，這樣才能長智。如果錯後不思量，不考慮如何長一智，那麼同樣的錯誤還會不斷重複出現。這就是「然屢蹶，詎云能智」的精闢之處。

　　一個人遭受一次挫折或失敗，就應該接受一次教訓，增長一分才智，這就是成語「吃一塹，長一智」的道理之所在。

　　吾一日而三省吾身，為人謀而不忠乎？與朋友交而不信乎？傳不習乎？

## 少抱怨外界，多審視自身

　　背靠上輩的蔭澤，懷揣鍍金的文憑，腦裝豐富的經歷，腰纏雄厚的資本，當然是種有利於「過河」的本錢，或者本身就已經過了河。對於更多的普通人來說，在這個世界的每個角

落，似乎都充滿抱怨和憤懣。

　　為什麼我的機會那麼少？

　　為什麼一分耕耘換不回一分收穫？

　　為什麼，為什麼……問了太多的為什麼，卻很少有人去想法找到真正的答案！

　　於是，怨天尤人、悲觀宿命之類的行為與思想甚囂塵上：不是我做得不好，而是世間人心太險惡；不是我付出太少，而是我命中注定在劫難逃。

　　當你感到整個世界都在辜負你時，當你感到不快樂時，當你感到世界都錯了時，你不妨先問問自己是不是對的。如果整個世界都在辜負你，那麼錯的一定是你，而不是這個世界。你要想改變這個局面，唯一的辦法是改變自己。當你以一種正確的態度去對待這個世界時，世界也會以一種正確的態度對待你。

　　平庸的人總是喜歡去找外界的種種不是作為理由，卻不願審視自己的不是。他們看得見別人臉上的灰塵，卻看不見自己鼻子上的汗點。但強者卻總在調整自己、提升自己，努力地將自己打造成一個與外界和諧的人。他們更加注重自我管理，深知只要自己對了，世界就對了。「現代戲劇之父」易卜生曾告誡他人：你的最大責任就是把你這塊材料鑄造成器。說的就是這個道理。

一個人是否善於自我管理，對於一個人能否有成就非常重要。印度雷繆爾集團總經理、哈佛商學院的 MBA、倫敦商學院等多所學院的訪問教授帕瑞克博士曾經說過：「除非你能管理『自我』，否則你不能管理任何人或任何東西。」

帕瑞克認為，學校教育經常教我們怎樣去管理他人和事物，卻很少教育我們怎樣管理自我。因此，這位博士把一半時間用於在全世界講授自創的「自我管理」課程，他認為一個人最重要的就是自我管理。

華人首富李嘉誠先生在談到自己的成功祕訣時，也不止一次強調自我管理的重要。他說過，自我管理是種靜態管理。在人生不同的階段中，要經常反思自問，我有什麼心願？我有沒有宏偉的理想？我懂不懂什麼是有節制的熱情？我有與命運拚搏的決心，但我有沒有面對恐懼的勇敢？我有信心、有機會，但我有沒有相應的智慧？我自信能力過人，但我有沒有面對順境、逆境都可恰如其分行事的心力？

每個人，不管是天賦異稟還是資質平平，不管是出身高貴還是出身貧賤，都應學會自我管理。「大多數人想改造這個世界，卻極少有人想過改造自己。」偉大睿智的俄國作家列夫・托爾斯泰如是說。

你想擁有怎樣的世界？你想做怎樣的人？一切主動權都在你的手裡。

## ▶ ▶ ▶ ▶ 第九章　如果不幸被困河中

當你感到世界都錯了的時候，那麼錯的一定是你。你要想改變這個局面，唯一的辦法是改變你自己。

## 人生豪邁不過從頭再來

在大山深處的一個村寨裡，住著一位以砍柴為生的樵夫。樵夫的房子很破敗，為了擁有一所明亮的房子，樵夫每天早出晚歸。五年之後，他終於蓋了一所比較滿意的房子。

有一天，這個樵夫從集市上賣完柴回家，發現自己的房子火光沖天。他的房子失火了，左鄰右舍正在幫忙救火，但火借風勢，越燒越旺。最後，大家終於無能為力，放棄了救火。

大火終於將樵夫的房子化為灰燼。在裊裊餘煙中，樵夫手裡拿了根棍子，在廢墟中仔細翻尋。圍觀的鄰居以為他在找藏在屋裡的值錢物件，好奇地在一旁注視他的舉動。過了半晌，樵夫終於興奮地叫道：「找到了！找到了！」

鄰人紛紛向前一探究竟，只見樵夫手裡捧著一把沒有木柄的斧頭。樵夫大聲說：「只要有這柄斧頭，我就可以再建造一個家。」

當一切已化為灰燼，只要你的夢想還在，熱情還在，鬥志還在，又有什麼值得過度悲傷與氣餒的呢？與其終日痛哭悔恨，不如放眼未來，從頭再來。我們每個人都不會真正輸得精光。當無情的大火吞噬我們的一切時，別忘了我們還有一把斧

頭，即使沒有斧頭，我們還有雙手，還有智慧。我們可以從頭再來！

從頭再來是種不甘屈服的韌性，是種善待失敗的人生境界。從頭再來源於你對現實和自己有清醒的認知，是對自己實力的一種肯定，是一種挑戰困難、挑戰自我的勇敢舉動；從頭再來，你不僅要忍受失敗的苦楚，吸取失敗的教訓，還要堅守自己心中的信念，相信堅持到底就是勝利；從頭再來是種希望，是遭遇不測後忠實於生命的最好見證。

也許正因為有「從頭再來」的精神，八十多年前，67歲的大發明家愛迪生曾踩在百萬資產的廢墟上，面對被大火燒毀的研發工廠，樂觀地說：「現在，我們又重新開始了。」

歌德說：苦難一經過去就變成甘美。其實，每個人的心都好比一顆水晶球，晶瑩閃爍，然而一旦遭到不測，背叛生命的人會在黑暗中漸漸消殞，而忠於生命的人總是將五顏六色折射到生命的每個角落。

只要出現一個結局，不管這結局是勝還是敗，是幸運還是厄運，客觀上都是個嶄新的從頭再來。只要厄運打不垮信念，希望之光總會驅散絕望之雲。

從頭再來說起來是件輕鬆的事，做起來卻並不容易。可是，一旦擁有的一切化為烏有，除了從頭再來，又有什麼辦法呢？

　　儘管很多人認為從頭再來並不代表一種豪邁，而更像是出於無奈。但是，誰能說為「無奈」找個出路不是個好辦法，不是一種豪邁呢？記得可口可樂公司的一位總經理頗為豪邁地說過：假如今天有一把大火把可口可樂化為烏有，只要有人在，我們就能再造一個可口可樂的奇蹟！

　　就讓我們把這從頭再來的豪邁當成一種進步的序曲，掃去一切失敗的陰霾，讓機會更多地變成無可替換的收穫！

　　心若在夢就在，天地之間還有真愛。看成敗，人生豪邁，只不過是從頭再來！

## 任何時候都要珍惜生命

　　有人在遭逢人生大轉折，或遭受大的打擊時，產生了求死的念頭，認為活著很痛苦，不如死掉算了！

　　求死或許也是種解脫，但是不是真的解脫很難說。不過這裡我們只討論現實的問題。孔子不是說「未知生，焉知死」嗎？他也一樣強調現實的重要，對於這個問題，人們常說「好死不如賴活著」，也從另一個側面反映了逆境中的生存智慧。

　　「好死不如賴活著」強調的是：活著總比死了好，因為不管死得如何痛快，代表的只是一切現實的結束，也包括希望。歷史固然不能假設，但如果我們假設曾國藩當年投水自殺了，後人還會有誰記得他，推崇他？

　　曾國藩初次率領湘軍水師與太平軍鏖戰，連敗於岳州（今湖南岳陽）、靖港。靖港一役，湘軍水師幾乎全部被殲。曾國藩羞憤交加，投水尋死，幸左右救起。後來，這位尋死的敗軍之將，發揚「扎硬寨、打硬仗」的風格，歷經艱辛終於殲滅太平軍，雪自己昔日之恥。

　　自殺是懦弱的象徵，實際上他不是被對手打敗，而是自己把自己打敗了！可是只要活著，雖然活得很痛苦，很絕望，但總是存在希望。這麼說，似乎不太能體會想死之人的心情。事實上，心情是個人的事，你的心情如何，沒有人在乎。

　　因此，與其「好死」不如「賴活」。所謂「賴活」是指辛苦地活著，委屈地活著，卑微地活著，雖不滿意但可以接受現實地活著。當一個人有了這樣的態度，其實就不會一心求死，因為他已經將「活著」的要求降到最低，這種心境已與「死」差不多了。當一個人有了「賴活」的態度，一切境遇便會開始轉好──不是境遇真的轉好，而是因為心境已從原先處於「死」的狀態中，逐漸由死而生，任何事物都充滿新鮮的意義與價值，而由於心境歷經了一趟「死亡之旅」，再由死而生之後，人生觀也會發生改變，成為一個嶄新的人。

　　人生競技場上，生存競爭的勝負是沒有規則的，既看過程，也看結果，而有了結果，過程就不重要了。人們只會向最後的勝利者獻花，而不會向中途棄權的人致敬。要想做個戰勝

## ▶▶▶▶▶ 第九章　如果不幸被困河中

困難的勝利者，首先要做個戰勝自己的勇者，而唯一能依靠的便是在「好死不如賴活著」的大徹大悟中堅持自己永不言敗的一份韌性。

　　只要軀體不死，心境絕對有甦醒的一天，軀體一死，便什麼都沒有了。弱者也有一片天，但死者只有一坏土，這就是逆境中的智慧！

# 第十章
## 勇敢負起你的責任

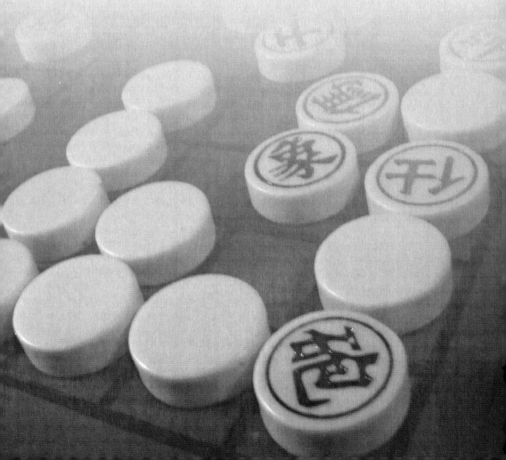

# ▶▶▶▶ 第十章　勇敢負起你的責任

　　人活在世上，不可避免地要肩負各種責任：對家庭的責任，對朋友的責任，對公司的責任、對國家對社會的責任……

　　責任似乎是種負擔，是種壓力。但換個角度，責任也是種動力與激勵。古人云「修身，齊家，治國，平天下」，其實說的就是一種責任。責任是個神聖的承諾，在它身上承載著一個不渝的使命，它能讓人戰勝膽怯，也能讓人成就卓越。無數在戰場上冒著槍林彈雨前進的戰士就說明了這點。他們只是因為信守「軍人以服從為天職」的承諾，就變得如此勇敢與機智。沒有責任心的軍人不是合格的軍人，沒有責任心的人同樣也不是優秀的人。

責任心就是關心別人，關心整個社會。有了責任心，生活就有了真正的含義和靈魂。這就是考驗，是對文明的至誠。它表現在對整體，對個人的關懷。這就是愛，就是主動。 —— 科威特作家　穆尼爾‧納素

每一個人都應該有這樣的信心：人所能負的責任，我必能負；人所不能負的責任，我亦能負。如此，你才能磨練自己，求得更高的知識而進入更高的境界。 —— 美國總統　亞伯拉罕‧林肯

高尚、偉大的代價就是責任。 —— 英國首相溫斯頓‧邱吉爾

要使一個人顯示他的本質，叫他承擔一種責任是最有效的辦法。 —— 英國小說家毛姆

## 責任鑄就卓越

曾經在報紙上看到一則感人肺腑的故事。某地的一個普通農民家庭，10年前突然遭受橫禍 —— 在外當包工頭的男主人因為車禍去世，留給妻子與一對10多歲兒女近百萬元的債務。這個人的妻子是個普通的農家婦女，兒女還未成年。

男人死後，債主多次上門要債，女主人拿出少得可憐的積蓄，外加他家裡不值錢的電器和牲畜來償還，但也只是九牛一毛。債主失望而去。儘管女主人一再承諾日後一定會慢慢還清債務，但債主根本不相信她能做到。為了還債與生活，女人努力在田地裡從事農活。直到子女滿16歲後踏上外出工作之路，她才開始專心在家養豬。他們將賺來的錢一點一點地償還債主。雖然按照他們當時的速度，一輩子也還不清，但他們仍然堅持將一分一毫節省下來還債。

這樣的日子過了五年，他們村裡的一家紅磚廠因為經營不善想要轉讓。女人的兒子知道這消息後，說服女人接手。女人剛好有一槽豬正要出欄，幾十頭豬算下來也有三、四十萬元。女人於是先找到幾個大債主，把自己的想法告訴他們，得到他們的允許後，又找到轉讓人，說服轉讓人允許她先付三十萬元錢，剩下的錢在一年內付清。她與轉讓人立下字據，以紅磚廠作為欠款的擔保。也就是說，一年後自己若是付不清餘款，紅磚廠將歸轉讓人所有。

# ▶ ▶ ▶ ▶ 第十章　勇敢負起你的責任

　　有了磚廠後，他們一家三口都在磚廠工作。努力尋找銷路，一有時間就努力在磚廠做體力活。磚廠在他們的努力付出下有了生機。第一年，他們賺了 10 多萬元，還了一些債後，與債主通融，女人又擠出部分資金開始養豬。這樣，子女經營磚廠，母親經營豬場，收入更多了。10 年後，他們終於還清所有欠債。現在，他們擁有一個年利潤 20 多萬元的磚廠和一個年利潤 10 多萬元的豬場。他們的好日子觸手可及。

　　這個故事之所以讓人動容，在於這一家三口對於「責任」的堅持。同時，這個故事也顯示了：責任可以產生卓越與奇蹟。這一家三口，如果沒有還債的責任在身，也許便迸發不出那麼大的能量。

　　1903 年諾貝爾文學獎得主比昂遜（Bjørnstjerne Martinus Bjørnson），在從事文學創作的同時也是位社會學家，他說：「一個人越是勇於承擔責任，他就越是意氣風發；如果一個人有足夠的膽識與能力，他就沒有什麼該講而不敢講的話，也沒有什麼該做而不敢做的事，更沒有什麼心虛畏怯之處。」

　　托爾斯泰也曾說過：「一個人若是沒有熱情，他將一事無成，而熱情的基點正是責任感。」

　　平凡的我們，並非一定要被動地等到災難來臨才想起責任。責任無處不在，即便是個兼職的除草工。有個男孩打電話給布朗太太說：「您需不需要割草？」布朗太太回答說：「不需

要，我已有了割草工。」男孩又說：「我會幫您拔掉草叢中的雜草。」布朗太太回答說：「我的割草工已經做了。」男孩進一步說：「我會幫您把草坪與走道的四周割得很整齊。」布朗太太說：「我請的那個人也已經做了，謝謝你，我不需要新的割草工人。」於是男孩掛了電話。此時男孩的室友問他說：「你不是就在布朗太太那裡割草打工嗎？為什麼還要打這個電話？」男孩說：「我只是想知道我到底做得好不好！」

在我們的工作與生活中，多問一下自己「我做得如何」，這就是種責任感。這種責任感，會使你更卓越、更出色。

## 勇於擔當大任

一個有責任心的人，給他人的感覺是個值得信賴與尊敬的人。而對於一個沒有責任心的人，沒有人願意相信他、支持他、幫助他。

威爾遜是美國歷史上的偉大總統，在這高高在上的位置，他深知自己的責任與義務，並且認為，做些超出自己分內之事總會得到更多回報。他曾經說：「我發現，責任是與機會成正比的。」

有人說法國的戴高樂是個狂熱的民族主義者，這點沒錯。幼年的戴高樂在與兄弟玩戰爭遊戲時，總是堅定不移地由自己扮演法軍一方。他堅稱「我的法蘭西」，絕不許任何人染指，

# ▶▶▶▶ 第十章　勇敢負起你的責任

甚至不惜為此與他哥哥打得頭破血流，直到他哥哥無奈地承認：「好了，我不和你爭了，是你的法蘭西，是你的。」或許這就是天意，日後果然是戴高樂承擔了拯救法蘭西民族危亡的大任。這也說不上是天意，因為戴高樂自小就始終以拯救法蘭西為己任。

凡有所建樹者，必有種擔當大任的責任感。古今中外，莫不如此。禮崩樂壞時，孔子四處奔走，推行他的「大道」；民族多事之秋，班超毅然投筆從戎，立下不朽功業；五胡亂華之際，祖逖聞雞起舞，自強不息；國家危亡在即，孫中山先生義無反顧，投身革命。

逝者如斯，這種擔當大任的使命感應代代相傳。勇於擔當大任，就是應該清楚地知道什麼工作是自己必須做的，不需人強迫，不要人指使。「二戰」初始，法國投降，剩下英軍孤立無援地與納粹德國作戰。驕傲的德國人以為接下來他們的任務就是準備迎接「勝利」的到來。1940 年 7 月 19 日，希特勒在帝國國會作了長篇演說，先是對邱吉爾痛快淋漓的痛罵一番，而後要求英國人民停止抵抗，並要求邱吉爾作出答覆。而就在發出這番勸誡後不到一小時，英國廣播公司就用一個簡單的詞作出答覆：

——NO ！

後來邱吉爾回憶說，這個「NO」不是英國政府通知廣播電臺的，而是廣播電臺的一個播音員在收到希特勒的演講後，自

行決定播出的。邱吉爾從內心為他的人民感到驕傲。何止是邱吉爾，讀過這故事的每一個人，又有哪個不為這個敢當大任的播音員叫好？

責任就是對自己要做的事情有一種愛。因為這種愛，所以責任本身就成了生命意義的表現，就能從中獲得心靈的滿足。

## 挑起失敗的擔子

人都有趨利避害的心理，在這種心理的支配下，不少人喜歡為失敗找藉口、找替身。一個欲有作為的人，在失敗面前一定要勇於挺身擔當。

1980 年 4 月，美國營救駐伊朗美國大使館人質的作戰計畫失敗後，當時的美國總統吉米‧卡特立即在電視裡作出同樣的聲明：「一切責任在我。」

「一切責任在我。」這短短幾個字，表現出一種勇於擔當責任的大勇！在此之前，美國人對卡特總統的評價並不高。甚至有人評價他是「誤入白宮的歷史上最差勁總統」。但僅僅由於上面那句話，支持卡特總統的人居然驟增了 10% 以上。

我們必須學會像卡特總統那樣承擔起自己行為的責任，應該積極尋找任何一點你能夠或應該承擔的責任，要勝任並愉快地承擔起那些責任，而絕不要透過躲避棘手之事而逃避責任。

俗話說：一人做事一人當。檢驗一個人品格的最好時機，

# ▶ ▶ ▶ ▶ 第十章　勇敢負起你的責任

就是在他失敗的時候，看他失敗後將採取怎樣的行動。因此，國外銀行家的格言是：破產 12 次的人，是可以信任的。讓我們對比一下成功的人和失敗的人，我們就會發現經常成功的人都是些勇於承擔責任的人，懼怕失敗的人都是些害怕承擔責任的人。懼怕失敗的人會為自己尚未發生的失敗尋找各種各樣的藉口並畏手畏腳，而成功的人在面臨失敗和錯誤後，則能及時找出問題的癥結所在，並努力克服和改正。或許可以這樣說：「只有勇於承擔責任的人，才是主宰自我生命的設計師，才是命運的主人，才能獲得生命的自由。」

戰勝失敗的第一步，也是關鍵的一步，就是我們要承擔責任，對失敗有個正確的態度。貝格大概是 20 世紀最傑出的劇作家了，就連他這樣成功的人也會說：「我覺得失敗是家常便飯，在失敗的惡劣空氣中深呼吸，精神會為之一振。」勇於承擔失敗的責任，別人會被你的態度打動，對你產生信任。由於信任就會產生依靠，你在生活中就會一呼百應，無往不勝。信用越好，人緣就越好，機會就越多，就愈能打開成功的局面。雖然在做事的過程中，每個人都會犯錯，但一定要能自己主動承擔後果，不推卸責任，這樣才能贏得別人的尊重。

一位大學心理學教授說：「一個人發展成熟的最明顯象徵之一，是他樂於承擔起由於自己的錯誤而造成的責任。有勇氣和智慧承認自己的錯誤是不簡單的，尤其是在他們很固執和

愚蠢的時候。我每天都會做錯事，我想我的一生幾乎都會是這樣。然而，我會力圖在一天中不犯兩次同樣的錯，但要想在大部分時間裡避免這種錯誤，就不是件容易的事了。可是，當我看見一支鉛筆時，我就會得到一些寬慰。我想，當人們不犯錯的時候，人們也就用不著製造有橡皮頭的鉛筆了。」

每個人都有自己的自尊心和榮譽感，如果你肯主動承認自己的錯誤，這不僅可以滿足對方強烈的自尊心，而且也會為自己品格的高尚而感到快樂。

## 莫把責任往外推

「不要問你的國家為你做了什麼，而要問一問你為國家做了什麼。」這是約翰‧甘迺迪當年競選總統時的演說詞。

事實上，不僅年輕人，包括許多中老年人仍存在一種幼稚的心態。他們不停地發牢騷，抱怨國家，抱怨企業，抱怨朋友……卻從不在自己身上找問題。先別問社會給了你多少，先問問你自己為社會做了多少貢獻。那些不從自身找問題，卻終日抱怨的人，只不過是些「憤青」而已。生活中，遇到問題時大多數人都會推卸責任。

有個年輕人因為故意傷害而受審，記者問起他的生活以及他犯案的動機。他告訴記者，他生長在一個「破碎」的家庭，在他的記憶裡，父親喝得醉醺醺的，還會打他母親。他們一家

都靠父親的偷竊所得過活，這也就是為什麼他從六歲開始也跟著偷竊的原因。他在犯下這起嚴重傷害案之前，便已因搶劫罪而被判過刑。採訪的最後，他說了這麼一句話：

「我是那個灰暗家庭的犧牲品。」

這位年輕人還有個雙胞胎弟弟。記者知道後，也去採訪他，驚訝地發現他與他哥哥是完全不同的人。他是位聲譽卓著的律師。已婚的他育有一個小孩，生活幸福美滿。

覺得不可思議的記者問他這一路是怎麼走過來的。他陳述了與哥哥一樣的家庭背景，但訪問的最後，他說道：「經歷了多年那樣的生活，我體會到這樣的生活會把我帶往什麼樣的地方。因此我開始思索，在這種條件下，要如何才能避免父輩的悲劇呢？」

同樣的基因、同樣的父母、同樣的環境，卻有不同的看法和截然不同的反應，以致產生不同的結果。為什麼在同樣條件下的兩個人會走出完全不同的道路呢？

—— 責任。你把責任往別人身上推的時候，也就意味著把自己的人生之舵交給了別人，不再想去改變，不再去承擔，只想自暴自棄。不必背負責任的生活看起來似乎很輕鬆、很舒服，但我們必須為之付出更大的代價。

韋恩博士說得好：「把責任往別人身上推，等於將力量拱手讓人。」承擔起你身上的責任，不管身處何處，你的責任感

都會驅使你充滿力量。

責任感是不容易獲得的，原因就在於它是由許多小事構成。但最基本的是做事成熟，無論多小的事，都能比以往任何人做得都好。

# ▶▶▶▶ 第十章　勇敢負起你的責任

# 第十一章
# 靠學習改變命運

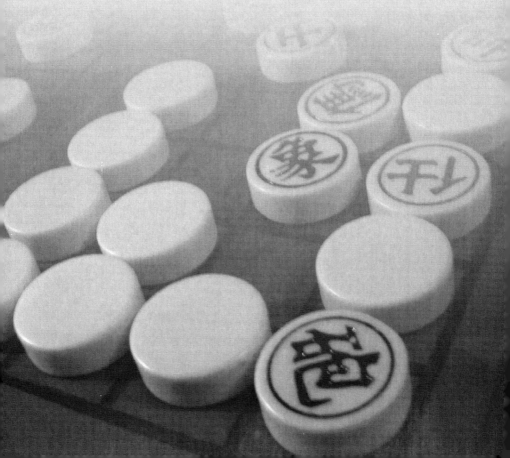

少而好學，如日出之陽；壯而好學，如日中之光；老而好學，如秉燭之明。 —— 西漢文學家劉向

天生的才幹如同天生的植物一樣，需要靠學習來修剪。 —— 英國哲學家和科學家培根

人的天才只是火花，要想使它成為熊熊火焰，那就只有學習！學習！！！ —— 蘇聯作家高爾基

經驗豐富的人讀書用兩隻眼睛，一隻眼睛看到面上的話，另一眼睛看到話的背面。 —— 德國詩人歌德

## 終身學習的魔力

在中國古代的金溪縣，有個人叫方仲永，5 歲時就能寫詩作賦。人們指著什麼事物叫他做詩，都能當場寫成。身為神童，有不少人請他父親帶他去做客，並即席做詩，有的人還贈些銀兩。他父親心中竊喜，就天天拉著他拜訪各路人等，而非督促他讀書。當他 13 歲時，所寫的詩已和他從前的名聲不相稱了。又過了 7 年後，他已經沒沒無聞，和一般人沒兩樣。

—— 這是王安石寫的〈傷仲永〉中的故事。方仲永算是個天才兒童，但隨著成長過程，卻逐漸變得平庸，最後「泯然眾人矣」。原因何在？就因為沒有持續學習。如此看來，就算是神童也得不斷學習，否則遲早有一天會「神」不起來。

現代人若想要過著優質生活，就必須將學習當做終身的過程，是現代人生命中的重要部分。任何人，不管天賦多高，文

憑多好，都沒資格說：「我已經不用學了。」

此外，我們身處的時代比起古時的各種知識，更新的速度更快，而且還會越來越快，因此，我們更要以孜孜不倦的精神從事終身學習。

終身學習是種信念，也是種可貴的特質。它是自我完善的過程，也是我們在現代社會立於不敗之地的祕訣。在資訊爆炸的時代，知識和才華的增長，不是一朝一夕的事，只有養成每天學習的習慣，才能有不凡的收穫。

抱朴子曾這樣說：「周公這樣至高無上的聖人，每天仍堅持讀書百篇；孔子這樣的天才，讀書讀到『韋編三絕』；墨翟這樣的大賢，出行時載著成車的書；董仲舒名揚當世，仍閉門讀書，三年不往園子裡望一眼；倪寬讀經耕耘，一邊種田，一邊讀書；路漫舒截蒲草抄書苦讀；黃霸在獄中還從夏侯勝學習，寧越日夜勤讀以求十五年完成他人三十年的學業……詳讀六經，研究百世歷史，才知道沒有知識是很可憐的。不學習而想求知，正如想求魚而無網，心中雖想而做不到。」

劉子又說：「吳地產勁竹，沒有箭頭和羽毛成不了好箭；越土產利劍，但是未經淬火和磨礪也是不行的；人性固然聰慧，但沒有努力學習，必定成不了大事。孔夫子臨死時，手裡還拿著書；董仲舒彌留之際，口中還在不停誦讀。他們這樣的聖賢還這樣好學不倦，常人何嘗可鬆懈怠惰呢？」

## ▶▶▶▶ 第十一章　靠學習改變命運

　　非常之人必有非常之志。無數成功者的事例也顯示：只有透過不斷學習和努力，才能成為一個出眾的人！學習就是幫助人生飛躍的翅膀。

　　愛因斯坦曾把自己比作一個大圓圈，把一個人擁有的知識比作一個小圓圈。大圓圈外沿接觸的空白比小圓圈要多。因此，學問越多的人，越能察覺自己知識的不足。越知道自己的不足，就越能努力學習；越能努力學習的人，知識也就越豐富。

　　有位在日本政商兩界過去名聲顯赫的人物叫系山英太郎。他30歲時就擁有幾十億美元的資產；32歲成為日本史上最年輕的參議員。他的成功有什麼祕訣嗎？——還是終身學習。

　　系山英太郎一直信奉「終身學習」的信念，碰到不懂的事情是拚命尋求解答。透過推銷外國汽車，他領悟到銷售的技巧；透過研究金融知識，他懂得如何利用銀行和股市讓大量金錢流入自己的荷包……即使後來年齡漸長，系山英太郎仍不甘心被時代淘汰。他又開始學電腦，不久就成立了自己的網路公司，發表他對時事的看法。即使已進老邁之年，系山英太郎仍勇於挑戰新事物，熱心了解未知的領域。

　　現在，知識的迅速增長和更新，使人不得不在學習上付出更多努力。現在，人們在「終身教育」問題上已達成共識，「終身教育」思想已成為當代世界的重要教育思潮。今天，全世界都有著「不學習便死亡」的聲浪。

　　不管你是什麼學歷什麼來歷，總之，想讓事業可持續發展，就要做到隨時、隨處學習。我們身邊的確有些學歷很高的人，他們自認已經掌握改造世界的所有本事，認為出了校門就不用再學習。其實，這樣的認知非常危險。賴瑞·艾利森（Larry Ellison）——全球第二大軟體製造商甲骨文公司的創始人、總裁兼 CEO，曾對前來應徵的大學畢業生說過一句廣為流傳的話：「你的文憑代表你受教育的程度，它的價值會體現在你的底薪上，但有效期只有 3 個月。想在這裡做下去，就必須知道你該繼續學些什麼。如果不知道該學什麼新東西，你的文憑在這裡很快就會失效。」

　　人生的過程就是要時時保持新鮮，唯有終身學習，才能苟日新、又日新。只要你一息尚存，就不該停止學習。停止就代表思想認知已經死亡，這是深層意義上的死亡。如果隨時把自己當成新人來面對學習，人不但不會變老，反而會更年輕、更有朝氣。而平時所累積的學習與經驗，正是我們在危急關頭時最有力的武器。

　　知無涯，學無境。永遠不要停止學習的腳步，終身學習是種可貴的特質，是自我完善的過程，也是我們在現代社會中立於不敗之地的祕訣。

## 善讀「無字之書」

不要以為學習就是天天坐在書房裡看書。生活才是一本內容更豐富的大書，我們要善於讀懂生活這本「無字書」，體悟其中的成敗之理。有詩云：「紙上得來終覺淺，絕知此事要躬行。」所以說，讀書學習獲取知識誠然重要，但以實踐獲得真知也必不可少。

古人日：「讀萬卷書，行萬里路」，是說人要累積廣博的知識和豐富的閱歷，這也是要人們能將理論與現實連結起來，善於利用知識去認知和處理各種事務。豐富的閱歷往往是成就大事者不可缺少的資本，年輕人的閱歷通常較淺，這時就該要求他們不光要注意書上的知識，更要注重從生活、社會中積累知識。

重視「讀活世間這部書」──讀「無字之書」，是大文豪魯迅的主張。魯迅少年時有很長一段時間是在鄉下度過，而且樂於與鄉村少年為友，喜歡到鄉下看戲，所以他從鄉村少年身上、從鄉村戲曲中了解了很多鄉村的生活，也因此增長不少見識，他後來創作的〈故鄉〉、〈社戲〉等短篇小說中的生活素材都是在那時積累的。

魯迅的一生中，曾針對當時的社會弊病寫了許多雜文。如果魯迅不注重社會現實這部「無字之書」，只知閉門做學問，他又怎會從中看出「世人的真面目」，怎會成為「偉大的文學

家」，「用他手中那支強而有力，潑辣而又幽默的筆，畫出黑暗勢力的醜陋面目呢？」

徐渭、朱耷、石濤、吳昌碩等前輩對於「有字之書」的精研，是因為著名國畫大師齊白石平生極力推崇之故。但是，白石老人更重視「無字之書」，其畫風之所以能不斷被開拓，創造出獨特不群的書畫風貌，正是他努力在現實生活中不斷閱讀「無字之書」的必然結果。

縱觀白石老人一生創作的作品，展現出的何止是一幅幅栩栩如生的花鳥魚蟲和欣欣向榮的草木，他畫風中刻意求工處恰如雕鏤，粗獷豪放處猶如潑墨，真可謂「形神兼備」。尤其是他的水墨畫蝦，更是神態各異，活靈活現，令人情不自禁地讚嘆。但又有誰能看出紙上的畫有多少畫外之音！

要想讀好「無字之書」就必須腳踏實地，要有深入調查及求實的精神。這種精神，不但可以幫你調整對「有字之書」的偏見，掌握真正的知識，而且能從「學以致用」中獲取新的知識。

要想讀好「無字之書」，必須步步留心，時時在意。在《紅樓夢》第三回中描寫了黛玉初到賈府的情形，「唯恐被人恥笑了他去」，於是便「步步留心，時時在意」，也因此觀察到賈府許多「與別家不同」的地方。

能讀懂讀透「無字之書」並不簡單，正因「無字」，所以

不為普通人注意，甚至是明擺著，人們也因習焉不察而未能從中獲得更多「知識」。往往只有「有心人」才能以敏銳的觀察力，在平凡中見到獨特之處，並加以捕捉，觸類旁通，窺知奧祕。而那些不願付出心血，對生活漫不經心的人，則絕不可能從「無字之書」中獲得知識。

讀「有字之書」可能要上大學，而讀「無字之書」則要進「社會大學」。如果正規大學是一片湖泊，那麼「社會大學」就是浩瀚的大海，永遠沒有畢業之時。

善讀書，而不唯書，把「有字之書」與「無字之書」緊密結合，才是獲得更多精神財富、成就事業的一條捷徑。

與有肝膽人共事，於無字句處讀書。人不能不讀書，但不能只讀書。這個世界不僅需要說明，需要理解，更需要你用心去揀選，去認知。將有字的書與無字的書相加，才能給人知識的力量和創造的力量。

## 不能為學習而學習

學習不只是累積知識，還要以本身所學為基礎，再發揮創造出新的東西。學習的目的，不在於培養另一個教師，也不是知識的簡單複製，而是為了創造一個新的世界，世界之所以進步，道理即在此處。

學習知識是為了提升智慧。假如只蒐集知識而不消化，就

等於徒然堆積許多書本而不用，同樣是種浪費。

　　人不能為了學習而學習。學習固然能讓自己知識豐富，但也要讓自己變得靈活、機智、善於處理問題。在這個世界上，相同的事情不會經常重複出現。因此，當面臨一種新的狀況時，誰也不能靠以前所學的東西，原封不動地拿來運用。以前學過的東西只能讓人認識事物的基礎，而在此基礎上加以研究，使知識更新能讓後人加以利用才是目的。

　　在古羅馬和古希臘有兩個著名的演說家，一個叫西塞羅（Cicero），一個叫狄摩西尼（Demosthenes）。每當西塞羅的演講結束時，聽眾都一起鼓掌並大叫：「說得真好，我們又學到了新知識！」而當狄摩西尼的演講結束時，聽眾都立刻轉身就走：「說得真好，讓我們馬上開始行動吧！」

　　有位著名學者說過：「世界上有兩種人，他們都在同一本書上讀到吃蘋果有益健康的知識，其中一個說：『我學到了知識』，另一個二話不說，直接走到水果攤前買了幾斤蘋果。」他認為買蘋果的人才是真正的聰明人，因為他能學以致用。而那些「學到了新知識」卻不懂得運用的人，充其量只是個「書呆子」。

　　知識只有在運用時才能產生力量。一個人不能為了學習而學習。培根在提出「知識就是力量」的口號以後，又作了補充，他說：「學問並不只是各種知識本身，如何應用這些學問

才是學問以外、學問之上的一種智慧。」也就是說，有了知識，並不等於就擁有相應的能力，運用與知識之間還需要轉化，也就是學以致用的過程。

如果你有很多知識，卻不知如何應用，那麼你擁有的知識再多也是死知識。死的知識不但對人無益，不能解決實際問題，還可能有害，就像古時紙上談兵的趙括無法避免失敗一樣。因此，我們在學習知識時，不但要讓自己成為知識的倉庫，還要讓自己成為知識的熔爐，把所學的知識在熔爐中熔化並煉成鋼。

學習就像你在磨刀石上磨斧頭，為的不是從石頭上得到什麼，而是要讓斧頭更加鋒利。

人不能光靠生來擁有的一切，而是要靠學習中得到的一切來造就自己。

# 第十二章
# 大器是一種心態與操守

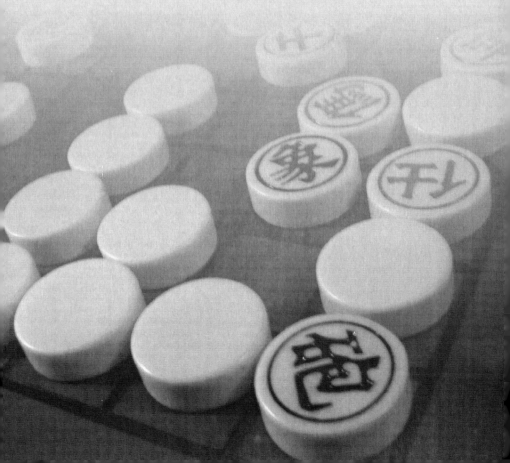

# ▶▶▶▶ 第十二章　大器是一種心態與操守

談了這麼多，到底什麼是「大器」呢？是位重權高，還是富甲一方？

「大器」的釋義有二：一是指古時鐘鼎之類的寶物；二是指有才能的人、能做大事業的人。前者是本義，後者是喻義。由此看來，「大器」並非著重於外在表現，而在於內在的蘊藏。大器是種心態，是種操守，是種氣質，是種容量。

大器者，守住自己的心，以延伸時間的長遠眼光來審視現狀，不隨波、不流俗，尊貴時不張狂，平凡時不俗氣，如同青銅之鼎，無論置身何處‧都沉穩大氣。

成功只有一種 —— 按自己的意志過一生。 —— 英國詩人及劇作家馬洛（Christopher Marlowe）

一個人如果能在早晨起床晚上入睡，在這期間做他想做的事，那就算是成功了。 —— 美國民謠歌手巴布‧狄倫（Bob Dylan）

人類的一切努力的目的就在於獲得幸福。 —— 美國作家華盛頓‧歐文（Washington Irving）

拚命去爭取成功，但不要期望一定會成功。 —— 英國科學家麥可‧法拉第（Michael Faraday）

## 誰是成功標準的制定者

人人皆想「成功」，但很多人並不真正了解「成功」的真諦。

什麼叫成功？

現實生活中的每個人，都可能碰到這樣一個問題：發現自己的前面無時無刻不在走動著一個榜樣，他為我們指引道路，告訴我們怎麼做事，並引導我們走向成功。這個榜樣其實不止一人，而是一整類人，而且往往是那些身分曾經和我們一樣平凡渺小，然而卻透過努力而成功的人。他們為普通人建立了一個好的「標準」，惹得人們常發出這樣的讚嘆：「瞧，他當上了世界冠軍！」「他又一次成為新聞人物了……」

但有些時候，成功在我們這個時代似乎已變得多樣化。在某些人看來，成功需要以財富支撐，錢、權、名聲才算是財富，而快樂與身心健康等都算不上財富。在世俗人群眼中的成功，往往更注重前者而忽略了其他後者。他們為世俗的成功付出的太多，多到可以列出長長的清單：精力、體力、時間、健康、親情甚至愛情……我們生活中有多少與幸福相關的要素，卻被我們在世俗「成功」的藉口中忽略、漠視、擯棄。《史記》有云：「利令智昏」，一個人為了「利」，最容易喪失自己的智慧而做出蠢事，把自己陷進泥潭。而世俗的所謂「成功」，無一不與「利」有關。就這樣，成功變質成了一味毒藥，毒害了

幸福的肌理，卻讓人欲罷不能。

　　當幾乎所有的人都被置於「成功或失敗」的二元對立背景下，這個社會必然出了問題。當那麼多人被世俗的「成功」和勵志「導師」蠱惑著踏上「成功」的漫漫征途時，有誰為自己的快樂而設計過人生？

　　在一片美麗的海岸邊，有個商人坐在一個小漁村的碼頭上，看著一個漁夫划著一艘小船靠岸，小船上有幾尾大黃鰭鮪魚。這個商人對漁夫捕了這麼多魚恭維了一番，便問他要多少時間才能捕到這麼多魚？

　　漁夫說，一會兒工夫就捕到了。商人再問，你為什麼不花更多時間，好多捕些魚？漁夫答道：「這些魚已經夠我一家人的生活所需啦！」商人又問：「那你一天剩下那麼多時間都在幹什麼？」

　　漁夫說：「我呀？我每天睡到自然醒，出海捕幾條魚，回來後跟孩子玩一玩，再睡個午覺，黃昏時，晃到村子裡喝點小酒，跟哥們玩、聊聊天，我的日子過得可充實呢！」

　　商人不以為然，便幫他出主意，他說：「我是個成功的商人，我建議你每天多花些時間捕魚，到時你就有錢去買艘大點的船。自然你就可以捕更多魚，再買更多漁船，然後你就可以擁有一個船隊。到時你就不必把魚賣給魚販，而是直接賣給加工廠，或者你可以自己開家罐頭工廠。如此你就可以控制整個

生產、加工處理和銷售。然後你就能離開這個小漁村，搬到大城市，在那裡經營你不斷擴充的企業。」

漁夫問：「這要花多少時間呢？」

商人回答：「大約 15 到 20 年。」

漁夫問：「然後呢？」

商人大笑著說：「然後你就可以好好休閒啦！」

漁夫追問：「然後呢？」

商人說：「那時你就可以退休了！你可以搬到海邊的小漁村。每天悠閒地睡到自然醒，出海隨便捕幾條魚，跟孩子玩玩，再睡個午覺，黃昏時，晃到村子裡喝點小酒，跟哥兒們聊聊天。」

商人的話一說完，自己便隨之發窘。他紅著臉，在漁夫意味深長的注視下識趣而退。

聰明商人的所謂建議，是要漁夫花幾十年時間，去換一份悠閒的生活罷了 —— 但這份生活，本來就是漁夫所擁有的呀！

商人和漁夫的選擇沒有優劣之分，只有合適與否之別。靜下心來想想，你忙忙碌碌，到底追求的是什麼？如果你追求的是波瀾壯闊的生活，那就完全可以照商人的建議去做；但你若追求的是明淨淡泊的生活，又為什麼要付出那麼多？

是誰斷定了沒有很多錢、沒有大權在握的人生就是沒價值

的人生？很多錢又是多少錢？大權又是多大的權力？人生除了成功或失敗，難道就沒有其他路可走了嗎？

也許，我們應該少談些成功，多講些幸福。有錢的人不一定都覺得幸福，幸福的人卻一定都認為自己已經成功。幸福沒有永遠不變的標準，沒人說得清有多少錢、有多少權力才算得到幸福，更沒人說得清有多少親人、有多少兒女、有多少朋友才算得到幸福，也沒人說得清擁有多少感情才算得到幸福……幸福是純粹的個人感受，它永遠沒有統一的標準。但它又並非遙不可及、高不可攀，它是那麼尋常、那麼平易近人。每個人都能得到幸福，只要你將心中的幸福種子播下去，但絕不要播在「世俗成功」的地裡。

人本是人，不必刻意做人；世本是世，不必精心處世。這就是大度人生的箴言。

## 德行比財富更有影響力

一個人的德行才是最寶貴的財產，它構成自己在他人眼中的地位和身分，它是一個人在信譽上的無形資產。儘管它是無形的，卻比有形的財富、權力更有影響力，它使所有的榮譽都毫無偏見地得到保障，比其他任何東西都更明顯地影響別人對自己的信任和尊敬。

我們在前面介紹的白手起家創業成功人士，他們都很重視

德行的修養，大多認為「小勝憑智，大勝靠德」。還說：「人，不要擔心地位不尊貴，而要擔心道德不高尚；不要恥於待遇不豐厚，而要恥於知識不淵博。」

古代聖人說人生有三不朽，叫做立德、立功、立言。這三條中，立功要看風雲之機，立言要根據適當環境，只有立德沒有局限，更沒有大小的區分，而且人人可做，個個可行。

為人處世必須從「有德」開始，樹立有德之人的品牌，這樣才能讓自己擁有更多機會、更大的發展。

美國加州的「克帕爾飲料開發有限公司」需要應徵員工，有一個叫馬布里的年輕人到這家公司面試，他在一間空曠的會議室裡忐忑不安地等待。不一會兒，有個相貌平平、衣著樸素的老者進來了。馬布里站了起來。那位老者盯著馬布里看了半天，眼睛一眨也不眨。正當馬布里不知所措時，這位老人一把抓住馬布里的手說：「我可找到你了，太感謝你了！上次要不是你，我女兒可能早就沒命了。」

「怎麼回事呢？」馬布里丈二和尚摸不著頭腦。

「上次，在中央公園裡，就是你，就是你把我失足落水的女兒從湖裡救上來的！」

老人肯定地說道。馬布里明白了事情的原委，原來他把馬布里當成他女兒的救命恩人了：「先生，您一定認錯人了！不是我救了您女兒！」

## ▶▶▶▶ 第十二章 大器是一種心態與操守

「是你，就是你，不會錯的！」老人又一次肯定地回答。

馬布里面對這感謝不已的老人只能做些無謂的解釋：「先生，真的不是我！您說的那個公園我至今還沒去過呢！」

聽了這句話，老人鬆開了手，失望地望著馬布里說：「難道我認錯人了？」

馬布里誠懇地安慰老先生說：「先生，別著急，慢慢找，一定可以找到救您女兒的恩人的！」

後來，馬布里開始在這個公司上班。有一天，他又遇見那個老人。馬布里親切地與他打招呼，並問他：「您女兒的恩人找到了嗎？」「哦，我一直沒有找到他！」老人默默地走開了。

馬布里心情沉重，就對身旁一位司機說起這件事。不料那位司機哈哈大笑說：「他可憐嗎？他是我們公司的總裁，他女兒落水的故事講了好多遍了，但其實他根本沒有女兒！」

「啊？」馬布里大惑不解，那位司機接著說：「我們總裁就是用這件事來選人的。他說過有德之才，才是可塑之才！」

馬布里被錄用後兢兢業業，不久就脫穎而出，成為公司市場開發部總經理，一年為公司贏得 3,500 萬美元的利潤。當總裁退休時，馬布里繼承了總裁的位置，成為美國家喻戶曉的財富巨人。後來，他談到自己的成功經驗時說：「一個人若能一輩子做有德之人，絕對會贏得別人永久的信任！」

品德是一個人立世的根基，這個根基深厚扎實的人，才能

在社會上站得更穩、走得更遠、吃得更開。但在現實生活中，幾乎沒有人會懷疑自己的品德有什麼問題，而社會對他們品德的認同程度卻並不像他們想像的那樣白璧無瑕和無可挑剔，這是為什麼呢？答案可能有兩個：一是他們對自己品德的要求也許並不高，距離人們普遍認同的道德標準可能還差得遠；二是他們可能缺乏塑造和表現個人品德的技巧。只有讓優秀的品德內化為一種每個人都去追求的動力，然後再透過人們的言行充分表現出來影響社會，這樣的品德才能產生積極的社會意義，才會為公認的優秀品德加分升值。

一個品德敗壞的人，即使權勢熾盛，也如同秋後的蚱蜢，蹦不了多久。古人云：「德有失而後勢無存也。」失勢總是有原因的，但品德的敗壞卻是首要的一環，眾多反貪腐的案例子說明了這一切。又云：「得道者多助，失道者寡助。」可見失德與失勢的因果關係和內在聯結。失勢者往往看不到「德」的力量和作用，他們有勢時不講操守，不養其德；失勢時怨天尤人，不深刻反省自己，這真是很可悲的。重勢不重德，是小人的行為；重德不重勢，是君子的行為。德在勢先，勢在德後，如果在此本末倒置，定會慘敗收場。

高尚的德行，是一個人最寶貴的資產，它構成了人的地位和身分本身，是一個人在信譽上的全部財產。德行的影響力，要大於權力和財力的總和。

## ▶▶▶▶ 第十二章　大器是一種心態與操守

### 位低不自卑，身高不自詡

　　俄國作家契訶夫寫過一篇小說〈小公務員之死〉。說的是個小公務員有一次去看戲，不小心打了個噴嚏，口水不巧濺到前排一位官員的腦袋。小公務員十分惶恐，趕緊向官員道歉。那官員沒說什麼，小公務員不知官員是否原諒了他，散戲後又追上去道歉。官員說：「算了，就這樣吧。」這話讓小公務員心裡更不踏實。他一夜沒睡好，第二天又去賠不是。官員不耐煩了，要他閉嘴、出去。小公務員心想，這下子得罪這位官員了，他又繼續設法道歉。小公務員就這樣因為一個噴嚏，背上了沉重的心理負擔，最後，他竟然死了。

　　這是一個看似荒誕的悲慘故事，我們在為小公務員的死惋惜的同時，也為他的軟弱和缺乏自尊而嘆息。

　　古今中外，能留名千古、世代受人尊敬的人，都是能在位卑時保持自尊的人，德國偉大的作曲家貝多芬就是其中的代表人物之一。貝多芬在維也納時，曾受到李希諾夫斯基公爵的傾慕和照顧，他感激公爵，但並不因此出賣尊嚴。一次，公爵要求貝多芬到他家為一批占領維也納的拿破崙軍隊的軍官演奏。貝多芬看不起公爵這種阿諛逢迎的態度，斷然拒絕。公爵憑他的地位和贊助者的身分，一定要貝多芬演奏。公爵的傲慢冒犯了貝多芬的自尊，他冒著傾盆大雨衝出公爵的莊園，一回到家中，就把案頭上公爵的半身塑像猛擲在地上，摔了個粉碎，並

寫了封信給公爵。他寫道：「公爵，你之所以為你，是由於你偶然的出身；我之所以為我，是靠我自己。有公爵爵位的人現在有的是，將來也有的是，而貝多芬卻只有一個。」

智利作家尼高美德斯‧古斯曼（Nicomedes Guzmán）說過：「尊嚴是人類靈魂中不可糟蹋的東西。」俄國作家杜思妥也夫斯基也說過：「如果你想受人尊敬，首要的一點就是你得尊敬自己。只有這樣，只有自我尊敬，你才能贏得別人的尊敬。」

《三國志》中有云：君子上交不謅，下交不瀆。意思是君子對地位比自己高的人不阿諛奉承，對地位比自己低的人不輕視怠慢。我們再來看一則小故事。

有位著名四法國電影明星將車開到修車廠，接待他的是位女修車工。女工熟練靈巧的雙手和俊美的容貌一下子吸引了他。

整個巴黎甚至整個法國都認識這位影星，許多人都為他著迷。為了能見到這位閃亮的明星，不少少男少女甚至日夜守候在他的住所。他們會為得到他的簽名而興奮得尖叫，為能和他握手而幸福得顫慄。但這位女工卻絲毫沒有表露出驚異和興奮。

「妳喜歡看電影嗎？」影星忍不住問道。

「當然喜歡，我是個影迷。」她的動作俐落，很快地修好了車：「您可以開走了，先生。」

　　他卻依依不捨：「小姐，妳可以陪我去兜風嗎？」

　　「不！我還有工作。」

　　「這同樣也是妳的工作，是妳修的車，所以最好親自檢查一下。」

　　「好吧，是您開還是我開？」

　　「當然我開，是我邀請妳的嘛。」

　　女工上了車，車平穩地向前行駛。

　　「看來沒什麼問題，請您讓我下車好嗎？」

　　「怎麼，難道妳不想再陪陪我？我再問妳一遍，妳喜歡看電影嗎？」這影星有點驚訝。

　　「我回答過了，喜歡，而且是個影迷。」

　　「那妳不認識我嗎？」他迷惑不解地問道。

　　「怎麼會不認識，您一來我就認出您是影帝。」

　　「既然如此，妳為何對我這樣冷淡？」

　　「不！您錯了，我沒有冷淡。只是不像別的女孩那麼狂熱。您有您的成就，我有我的工作。您來修車是我的顧客，如果您不再是明星，再來修車時，我也會一樣地接待您。人與人之間不應該是這樣嗎？」

　　影星沉默了。在這個普通女工面前，他感覺到自己的淺薄與虛妄。

　　「小姐，謝謝妳！妳讓我想到應該認真反省一下自己的價

值。好，我現在送妳回去吧。」

　　無論你從事什麼工作，住在什麼地方，你與他人在尊嚴上是平等的。在城裡人面前，你不必因為自己是農村來的就自卑，就缺乏自信；在普通人面前，你若是官員、總經理，就更應該不驕矜、不自恃，平易近人 —— 這樣的人，本身就是一種有容乃大的大器之像。

　　每個人都應該尊重自己，並應該平等地對待任何人，不論他是強者還是弱者。

## 得失兩便，悠然處之

　　什麼是得？得到嬌妻算是一得吧，但你在得到的同時，就表示要失去單身時期的無拘無束。得到一份滿意的工作也算一得吧，但這也表示你可能失去其他更好的工作機會……世界上的任何「得到」，都必然伴隨著某種「失去」，同理，世界上的任何「失去」，也意味著另一種「得到」。其實，在得與失之間非此即彼、相互依存、互為轉換的關係，在婦孺皆知的「塞翁失馬」寓言中，古人早已作出貼切的展現。

　　然而，生活中卻偏偏有人看不透，想不明白，那些自以為精明的人往往最容易患得患失。患得患失的人不僅為失而痛苦，還會為得而憂慮。失去官位會痛苦，而得到官位也未必開心，他們會為如何保住自己的位置而憂慮，為再往上爬而傷

## ▶ ▶ ▶ ▶ 第十二章 大器是一種心態與操守

神。這種人處心積慮、挖空心思、巧取豪奪，整天生活在這樣的心態中，即使權傾天下、富可敵國，生活又有何幸福可言？

而且人的情緒與行為容易被得失左右。人的一生，總在不停經歷著得與失。得到自然高興，失去難免悲傷——這本是一般人的正常反應。但深得糊塗三昧的人，不會輕易為了得失而費神。

羅君從高中起就一直暗戀同學周豔，在他的日記裡有太多關於周豔的文字，他簡直無法想像自己如果不能得到周豔，以後的日子會如何難過。他得到了嗎？沒有，在大學畢業那年，羅君向周豔坦白了自己的心事，卻遭到委婉的拒絕。羅君感覺天塌下來了。天真的塌了嗎？當然沒有，十年後的同學會上，我們見到羅君一家三口和周豔夫妻兩人。他們各自都有了自己幸福的家。

類似羅君的經歷，我們不少人一定也有過，曾經那麼深愛一個人——比如初戀，認為對方是如此攸關自己一生的幸福。但又有幾對初戀能白頭偕老？大家不還是照樣該幸福的幸福，該痛苦的痛苦？而那些從初戀如願走向紅地毯的幸運兒，到後來還不是有幸福的也有痛苦的？

我記得我在童年時因為丟了一個漂亮的鉛筆盒而傷心地哭泣，少年時因為輸了一場球而徹夜難眠，青年時因為失業而痛苦異常。這些事情，在當時的我心中是何等重要！但時過境遷

的今天，我發現那些事其實都不怎麼重要。也就在我發現這個現象後，當我再次遇到「很嚴重」的事情時，我會努力告訴自己：沒關係，這事沒那麼要緊，就像我遺失的鉛筆盒或輸了的那場球賽一樣，並不會對我的人生造成多大影響。這樣一想，心裡就豁然開朗了。反過來看，當你突然得到一個驚喜時，也不必過於高興，因為，得到的也許就是兒時的鉛筆盒而已。

人一旦想通了，再遇上什麼得失便都不怎麼放在心上了。1920 年代的新月派詩人徐志摩曾說：「我將於茫茫人海中訪我唯一靈魂的伴侶，得之，我幸；不得，我命。如此而已。」這是他在追求陸小曼時說的話。他得到了陸小曼，但為了滿足陸小曼奢靡的生活，他頻繁往來於南北授課，最後將自己 34 歲的生命獻給了碧藍的天空 —— 他死於 1931 年的飛機失事。他終於輕輕地從陸小曼身邊走了，正如他輕輕地來，輕輕地揮手，卻沒有帶走陸小曼身邊的一朵雲彩。

看了上面這個小故事，我們難道不會灑脫一些嗎？如果徐志摩沒有得到陸小曼，他的生命會在風華正茂中凋謝嗎？如果他沒有在風華正茂中凋謝，在往後苦難深重、變幻莫測的時局中，他的愛情以及他個人，又該面臨怎樣殘酷的考驗呢？到底得之是我幸，還是不得我之幸？我們不知道答案，我們糊塗了。在這糊塗之中，我們對於答案不再追問，對於得失不再看重。

## ▶▶▶▶ 第十二章　大器是一種心態與操守

　　有一句話值得我們牢記一生：「以出世的態度做人，以入世的態度做事。」這句話來自著名美學家朱光潛的一篇文章。朱光潛在一篇文章中提到兩種人生態度：「絕世而不絕我」和「絕我而不絕世」，最後他指出理想的人生態度應是「以出世的精神做入世的事業」。朱先生的文章寫於80多年前，但歷史的灰塵終究掩不住其深邃的思想。

　　人生百態，難免世事紛擾，這時我們要以超然的態度面對，這就是所謂的出世。生而為人，要做事謀生，積極主動地用有限的人生去造就更大的輝煌，這就是所謂的入世。將出世與入世的態度聚於一身，看似矛盾，其實卻是一種矛盾的統一，一種互補，一種和諧。「以出世的態度做人」主要指的是人的心態，是一種做事之外的超然態度。「以入世的態度做事」是指人的行動。二者不可偏廢，更不能顛倒。

　　做人於世外，做事於世內。就像臘梅開在深山幽谷或名苑勝地，皆不卑不亢、傲霜鬥雪，綻放著自己的美麗。一味地「出世」，未免太「消極」；光知道「入世」，則難免落入世俗爭鬥之窠臼。只有將「出世」與「入世」有機地結合，該進則進，當出即出，行止有度，屈伸合拍，方是悠然之人。

　　對自己不放縱、不任性；對別人不挑剔、不苛求；對身外之物不貪戀、不沉淪。該享受則盡興，當勞累便休息。凡事依理而行，循序而動，如果必須，做得天下；若非合理，毫末不

取。這樣的人，即便不成大器也不失為一個優秀的人。

做人要「隨」一點。所謂「隨」，當然不是跟隨，而是順其自然，不躁進、不強求、不過度、不怨恨。所謂「隨」，不是隨便，不是隨波逐流，而且還應是一種有智慧的勇敢。「隨」是懷著堅定的信念，順天道、識大體、持正念、擇正行，在順應中努力，在彎曲中求伸展。

## 吃虧是福，百忍成金

「吃虧」往往是指物質上的有形損失，但一個人幸福與否，卻往往取決於他的內心與精神上無形的得與失。如果我們用外在的東西換來內心的平和，那無疑是獲得人生的幸福，這樣做也是值得的。

因此，在傳統思想中，有「吃虧是福」一說。這是古代哲人總結出的一種人生觀 —— 它包括了愚者的智慧、弱者的力量，領略了生命含義的豁達和由吃虧退隱而帶來的安穩與寧靜。與這樣貌似消極的哲學相比，一切所謂的積極哲學往往顯得幼稚與不夠穩重，以及不夠圓熟。

「吃虧是福」的信奉者，同時也一定是個「和平主義」的信仰者。林語堂在《生活的藝術》中對所謂的「和平主義者」這樣寫道：「中國和平主義的根源，就是能忍耐暫時的失敗，靜待時機，相信在萬物的體系中，在大自然動力和反動力的規律

## ▶▶▶▶ 第十二章　大器是一種心態與操守

運行之上，沒有一個人能永遠占著便宜，也沒有一個人永遠做著『傻子』。」

做人要比做事難，但如果有「吃虧就是占便宜」的心態，那麼做人其實也不難；因為人們都喜歡占他人便宜，你吃點虧，讓他人占點便宜，那麼你就不會因為「不想吃虧」而得罪人，人人都會當你是好朋友！何況拿人手短，吃人嘴軟，他今天占了你一點便宜，心裡多少也會有些過意不去，在適當的時候他就會回報你，這就是你「吃虧」後所占到的「便宜」！

若一個人處處不肯吃虧，處處都想占便宜，於是，驕心勢必日盛。而一個人一旦有了驕狂的心態，難免會侵害別人的利益，於是便起紛爭。在四面楚歌下，又焉有不敗之理？

帝王以忍得天下，將相以忍得長久，商賈以忍得富貴，常人以忍得知己。記得有位外國學者說過這樣的話，意思是說：會生活的人，並不一味地爭強好勝，在必要的時候，寧可後退一步，做出必要的自我犧牲。

誰不想功成名就，誰不想轟轟烈烈幹一番驚天動地的大事業。可是在這世界上畢竟能做事的人不少，成大業的人卻不多，究其原因，各方面的主客觀因素都有。比如要有良好的交際能力，有千載難逢的機遇，還要有極高的智商、有相當的文化素養、有一定的修養等等。其中，「忍」就是成就大業的必備心理素質之一。日本前首相竹下登在他的整個政治生涯中，

無時無刻不得益於他的忍耐精神。竹下登在談到自己的經驗時說，「忍耐和沉默」是他在協助老師佐藤榮作首相時所學到的政治風度。

表面上讓點步看起來有點划不來，但實際上獲得的卻比失去的多。這是一種圓熟的、以退為進的做法。書中說：「人情反覆，世路崎嶇。行去不遠，須知退一步之法；行得去遠，務知忍三分之功」。今日的朋友，也許將成為明日的仇敵；而今天的對手，也可能成為明天的朋友。世事一如崎嶇道路，困難重重，因此走不過的地方不妨退一步，讓對方先過，就是寬闊的道路，也要留給別人三分便利。這樣做，既是為他人著想，更能為自己留條後路。

孔子曰：「小不忍，則亂大謀」，也就是說，想成大業、做大事，就得忍住那些小慾望，或一時一事的干擾，說白了，就是「放長線釣大魚」。縱觀歷史，凡成就大事者莫不是負重前行，忍字當頭。今人想要做番事業，實現自己的人生理想，當然也必須學會忍耐。不僅要忍得住一時沉寂，更要耐得住一時之不公。具備極大的忍耐力，方能戰勝自我，勇往直前，達到成功的彼岸。

據《史記·淮陰侯列傳》記載，韓信年輕時「從人寄食」，也就是說他沒有固定的工作與收入，以至於吃飯都只能到別人家去混口飯吃，也就是現在所說的蹭飯，所以「人多厭之

者」，即當地的人都很討厭他。想想也是，韓信身為一個血氣方剛的大男人，整天掛著把劍，卻什麼也做不了，到處混飯吃，難免會招來輕蔑與侮辱。

在韓信經常去混飯的人家中，最常去的是南昌亭長家（亭長相當於今日的村長）。韓信因為常去南昌亭長家混飯吃，亭長的老婆心裡開始不高興了。然而要怎樣才能將韓信這個無業遊民拒於門外呢？女人自然有女人的辦法，這個亭長老婆半夜起來做飯，天亮前全家人就把飯一掃而光。韓信早上起床，空著肚子來亭長家吃飯，一看飯已經吃完，當然明白了人家的意思。韓信一賭氣，就與南昌亭長絕交了。

在當地，大家都瞧不起韓信。有天，淮陰市面有個地痞看韓信不順眼，就挑釁韓信：韓信你過來，你這傢伙，個子倒是長得滿高的，平時還帶把劍走來走去，我看啊，你是個膽小鬼！地痞這麼一說，呼啦啦就圍上來一大群人看熱鬧。地痞一見人氣正足，就想趁這機會出出風頭，於是進一步挑釁：韓信你不是有劍嗎？你不是不怕死嗎？你要不怕死，就拿你的劍來刺我啊！你敢給我一劍嗎？不敢吧？那你就從我兩腿之間爬過去。

這一下子將韓信逼入一個面臨兩難選擇的境地：殺或者爬？無論哪個選擇，韓信都會受傷。韓信如何選擇呢？司馬遷用三個字形容：「孰視之」，也就是盯著對方看。看了一會兒，

韓信把頭一低，就從這地痞的胯下爬過去，惹得圍觀的眾人哄堂大笑。

然而正是這個人皆可辱的韓信，後來卻幫助劉邦成就一番偉業，同時也成就了自己的功名。

相信司馬遷在寫到韓信遭受胯下之辱時，一定思緒難平。因為司馬遷也同樣受過「胯下之辱」，而且，他受到的侮辱比韓信的更沉重。他遭受了官刑 —— 這更是一個男人難以承受的奇恥大辱，但司馬遷還是忍了下來。他堅強地活著，因為他要完成《史記》這部偉大的著作。因此，清人金蘭生在《格言聯璧·存養》中說：「必能忍人不能忍之觸忤，斯能為人不能為之事攻。」

## 莫讓攀比擾亂了心緒

如果我們只想獲得眼前的幸福，那很容易實現，但如果我們希望比別人更幸福，就會覺得很難實現。

每個人對幸福都有自己不同的理解，有些人視闔家團圓為幸福，有些人視事業有成為幸福，還有些人視幫助別人為幸福。不過還是有一部分人不知幸福為何物，因為他們只知一味與別人比較而迷失了自己，最終都不知自己想要什麼。

所謂「攀比」，不是指一般的比較，而是「攀」住別人比較，是拿自己的「無」與別人的「有」、用自己的不足和別人

# ▶▶▶▶ 第十二章　大器是一種心態與操守

的長足相比。這種人歷來有喜歡攀比的習慣。大型的同學聚會上，女同學甲和女同學乙都各自為了面子，說自己的老公如何賺錢又如何對自己好。各自回家，甲會對自己的老公說：唉，乙長得那麼普通，怎麼命那麼好，找了個對她好得不得了的老公。乙回到家，對自己的老公說：甲上學時成績平平，看不出什麼能耐，居然找了個黃金單身漢做老公！

　　當然，這些小故事是虛構的，但誰又會懷疑其真實性？不久前，筆者在報上看到一篇題為〈年輕白領「施暴」指數增高〉的文章，其中寫道：「春節期間的聚會，讓人們有了相互攀比的機會，一些人在聚會時發現不少朋友活得比自己輕鬆，賺的錢比自己多，職位比自己高，於是他們感到失落、不平衡，甚至憤怒，家庭自然成了他們發洩情緒、借題發揮的場所。」報導稱：「春節是家庭暴力的高發期，如今的『問題人群』出現新變化 —— 年輕白領人士增多」。你看，只是春節聚會這種小事，有人就因攀比心理而抓狂。俗話說：人比人，氣死人。現在倒好，還比「死」人了。

　　人與人之間總是存在差距，一味地攀比只會讓自己陷入無邊的痛苦之中，搞不清為什麼有的人總是非要與周圍的人攀比。他買了房子，我還在租房，心裡不平。有那麼一天自己也買了房子，又發現別人的房子比自己的寬敞，還是不平。與周圍的人比，張三家的收入比我家多，李四的工作好，職位好、

薪水高……瞪大眼珠死盯著別人，拿自己的次、少，去比別人的好、多，心裡就是不願讓別人比自己強，還總想著為什麼我就不能比他們職位高、收入多、房子大……這種人活著才真是累，處心積慮地想要事事比別人好，絞盡了腦汁，費盡了心機，又傷腦，又煩心，最終結果還是難以如意。

如果我們安心享受自己的生活，不和別人盲目比較，生活就會減少許多無謂的煩惱。下面這則寓言也許能生動地詮釋這個道理。

有一天，一個國王獨自到花園散步，使他萬分詫異的是，花園裡所有的花草樹木都枯萎了，園中一片荒涼。

後來國王了解到，橡樹由於沒有松樹那麼高大挺拔，因此輕生厭世死了；松樹又因自己不能像葡萄那樣結許多果子，也死了；葡萄哀嘆自己終日匍匐在架上，不能直立，不能像桃樹那樣開出美麗可愛的花朵，於是也死了；牽牛花也病倒了，因為它嘆息自己沒有紫丁香那樣芬芳；其餘的植物也都垂頭喪氣，沒精打采，只有細小的心安草茂盛地生長。

國王問道：「小小的心安草啊，別的植物全都枯萎了，為什麼你這小草這麼勇敢樂觀、毫不沮喪呢？」

心安草回答說：「國王啊，我一點也不灰心失望，因為我知道，如果您想要一棵橡樹，或者一棵松樹、一叢葡萄、一株桃樹、一株牽牛花、一棵紫丁香等等，您就會叫園丁把它們種

## ▶▶▶▶ 第十二章　大器是一種心態與操守

上；而我知道，您希望於我的就是要我安心做小小的心安草。」

攀比其實就是一味殘害心靈的毒品。想一想山外有山，天外有天，一味攀比，是永遠沒有盡頭的。比錢多，你能多過比爾蓋茲嗎？就算你多過他，還有比他有權力的呢！你又該怎麼比？難道要和無所不能的上帝比一比！畢竟尺有所短，寸有所長，或許在你羨慕別人有錢的時候，別人還正在羨慕你的悠閒，羨慕你的家庭和睦呢。

還是把自己的心態擺平吧，把攀比心理扔掉吧，全世界有70多億人，你比得過來嗎？

如果我們只想獲得幸福，那很容易實現。但如果我們希望比別人更幸福，就會感到很難實現。

電子書購買

國家圖書館出版品預行編目資料

「卒」也可以很「帥」：打破格局 × 抓準時機
× 瞻前顧後，「象棋精神」教會你的逆境生存
法！/ 殷仲桓, 肖勝平編著 . -- 第一版 . -- 臺北
市 : 財經錢線文化事業有限公司 , 2023.03
面 ； 公分
POD 版
ISBN 978-957-680-591-2( 平裝 )
1.CST: 成功法 2.CST: 人生哲學
177.2　　112000207

# 「卒」也可以很「帥」：打破格局 × 抓準時機 × 瞻前顧後，「象棋精神」教會你的逆境生存法！

臉書

編　　著：殷仲桓，肖勝平
發 行 人：黃振庭
出 版 者：財經錢線文化事業有限公司
發 行 者：財經錢線文化事業有限公司
E - m a i l：sonbookservice@gmail.com
粉 絲 頁：https://www.facebook.com/sonbookss/
網　　址：https://sonbook.net/
地　　址：台北市中正區重慶南路一段六十一號八樓 815 室
Rm. 815, 8F., No.61, Sec. 1, Chongqing S. Rd., Zhongzheng Dist., Taipei City 100,
Taiwan
電　　話：(02) 2370-3310　　傳　　真：(02) 2388-1990
印　　刷：京峯彩色印刷有限公司（京峰數位）
律師顧問：廣華律師事務所 張珮琦律師

定　　價：350 元
發行日期：2023 年 03 月第一版
◎本書以 POD 印製